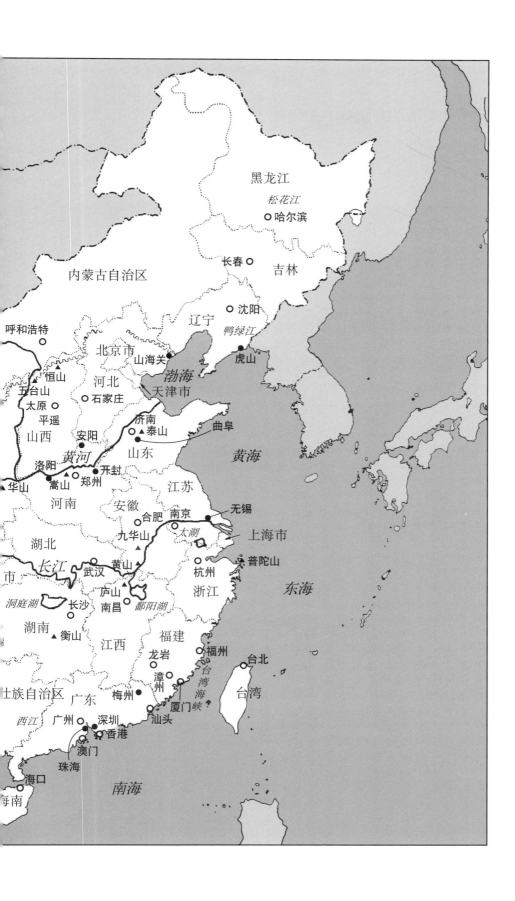

共に学ぶ

中国の文化と中国語

橋本永貢子・齊藤正高　著

白帝社

本テキストの音声について

　本テキストの音声は、白帝社ホームページ内の本テキストのページから、ダウンロードしたり、ストリーミングで聞くことができます。
　吹込み：凌慶成、容文育

https://www.hakuteisha.co.jp/news/n58028.html

※各機器と再生ソフトに関する技術的なご質問は、各メーカーにお願いいたします。
※本テキストと音声は著作権法で保護されています。

はじめに

　今や日本の大都市は言うまでもなく、地方都市でも、暮らしのなかで外国人の姿をよく見かけるようになりました。こうした日常にあって、外国語を身に付けることはますます必要になると考えられますが、実際には必ずしもそうではありません。AIをはじめとする情報技術の進展により、スマートフォンを使いこなせば、必要を満たす程度の会話ができるからです。もちろん、道具を介さず直接会話することができれば、たとえそれがあいさつや簡単な日常会話であっても、より親しい交流へとつながります。その点で、外国語を身に付けることの重要性は変わりません。ただ、誰もが一定程度の意志疎通が可能な現代においては、ある言語が話されている社会や文化を学び、言語に現れる世界観を理解するという、語学学習のもう一つの側面がより重要になっていくでしょう。

　そしてさらに大事なことは、理解すべき社会や文化は英語圏に限らないということです。英語圏以外の、第三の言語およびその社会や文化を理解することも必要です。それにより、世界を「自」「他」という二項対立的なとらえ方ではなく、相対的にとらえることができるようになるからです。この点で、政治的にも経済的にも大きな影響を持つ中国の言語を学ぶことはとても有意義だと言えるでしょう。

　こうした状況をふまえ、本テキストでは、入門レベルの中国語を習得し、かつ中国の文化や社会への理解を深めることを目標として設定しました。まず、第1課で中国の基礎情報と中国語の概要について学び、第2課以降は次のような構成で学んでいきます。

＜調べてみよう＞中国語あるいは中国社会について、講義の前にあらかじめ調べてくる項目を挙げています。様々なツールを活用して調べてみることで、中国語の発音や中国語の発想の面白さ、中国社会の独自性を知ることができるでしょう。

＜発音しよう＞各課で習得すべき発音項目を挙げています。中国語学習の基本である発音をしっかり身につけることで中級以上の中国語習得がより容易になります。

＜中国語の表現＞入門レベルの中国語で修得するべき事項を挙げています。語順や言葉の使い方など、一言語としての特徴を、英語や日本語と比較しながら学んでいきます。

＜中国を知ろう＞中国の文化や社会に関する事柄を挙げています。皆さん自身でも、さらにリサーチし理解を深めていってください。附録として挙げている中国および中国語について調べる参考図書やウェブサイトもぜひ活用してください。

　このテキストを通じた学びが、国際的な視野と見識を身に付けるための一助となることを心から願っています。

2024年秋

著者

目　次

中国全図

第1課　中国語と中国　　　　　　　　　　　　　　7

〈調べてみよう〉　中国基礎知識

〈概説〉　　　　　中国の基礎情報　　中国語の基礎情報

第2課　你好！：中国人のあいさつ　　　　　　　13

〈調べてみよう〉　どんな人？

〈発音しよう〉　　単母音

〈中国語の表現〉　あいさつ言葉

〈中国を知ろう〉　中国人の姓

第3課　我爸爸：中国の家族関係　　　　　　　　17

〈調べてみよう〉　誰でしょう？

〈発音しよう〉　　子音（1）

〈中国語の表現〉　親族名称　　人称代名詞　　連体修飾語をつなげる"的"（1）

〈中国を知ろう〉　複雑な親族名称

第4課　我是日本人。：中国の大学　　　　　　　21

〈調べてみよう〉　どこの国？

〈発音しよう〉　　子音（2）

〈中国語の表現〉　動詞"是"　　人や物を指し示す指示代名詞

〈中国を知ろう〉　中国の大学

第5課　我们学习汉语。：中国のことわざ　　　　25

〈調べてみよう〉　外来語

〈発音しよう〉　　複母音　　鼻母音

〈中国語の表現〉　動詞述語文　　疑問詞"什么"

〈中国を知ろう〉　中国の成語・ことわざ

第6課　中国菜很好吃！：中華料理　　　　　　　29

〈調べてみよう〉　名前の言い方と形容詞

〈発音しよう〉　　第3声の変調　　"不"の変調　　"儿"化

〈中国語の表現〉　名前の聞き方、言い方　　形容詞述語文　　疑問詞"怎么样"

〈中国を知ろう〉　中華料理

4

第7課　今天几号？：中国の祝祭日　　　　　　　　　　　　　　　33

〈調べてみよう〉　中国人と数字
〈発音しよう〉　　数の言い方　　“一”の変調
〈中国語の表現〉　年月日、曜日の言い方　　時刻の言い方
　　　　　　　　　疑問詞“几”　　名詞述語文
〈中国を知ろう〉　中国の祝祭日

第8課　这个多少钱？：中国の買い物事情　　　　　　　　　　　37

〈調べてみよう〉　モノの値段
〈発音しよう〉　　音節表を読もう（1）発音のポイントのまとめ
〈中国語の表現〉　人や物の数を示す言い方　　人や物を指し示す言い方　　疑問詞“多少”
〈中国を知ろう〉　中国の買い物事情

第9課　中国有很多世界遗产。：中国の世界遺産（1）　　　　　41

〈調べてみよう〉　有名な都市の名前
〈発音しよう〉　　音節表を読もう（2）ピンインのルールのまとめ
〈中国語の表現〉　場所を示す指示代名詞　　時間詞
　　　　　　　　　所在を表す動詞“在”　　存在・所有を表す動詞“有”
〈中国を知ろう〉　中国の世界遺産（1）

第10課　我跟你一起去！：中国の世界遺産（2）　　　　　　　45

〈調べてみよう〉　中国の通貨
〈発音しよう〉　　音節表を読もう（3）声調符号の付け方のまとめ　　標点符号
〈中国語の表現〉　連動文　　介詞（前置詞）“在”、“用”、“给”、“跟”、“从”
　　　　　　　　　副詞“一起”、“一共”
〈中国を知ろう〉　中国の世界遺産（2）

第11課　你喜欢做什么？：「中国人」の思考と行動　　　　　　49

〈調べてみよう〉　中国人の趣味
〈発音しよう〉　　声調の組み合わせ（1）
〈中国語の表現〉　副詞“也”、“都”　　動詞“喜欢”　　動詞“想”　　二重主語文
〈中国を知ろう〉　「中国人」の思考と行動

第12課　你会说汉语吗？：中国映画・ドラマ　　　　　　　　　53

〈調べてみよう〉　中国語の発想
〈発音しよう〉　　声調の組み合わせ（2）
〈中国語の表現〉　助動詞　　反復疑問文
〈中国を知ろう〉　中国映画・ドラマ

目　次　5

第13課　请再说一遍。：中国人の古典的宗教観　　57

〈考えてみよう〉　字谜
〈発音しよう〉　唐詩を読もう（1）
〈中国語の表現〉　時間量や回数を表す語句　　語気助詞"吧"　　選択疑問文
　　　　　　　　　連体修飾語をつなげる"的"（2）
〈中国を知ろう〉　古典的宗教観

第14課　更上一层楼！：中国人の縁起担ぎ　　61

〈調べてみよう〉　中国旅行の豆知識
〈発音しよう〉　唐詩を読もう（2）
〈中国語の表現〉　語気助詞"了"　　アスペクト助詞"了"　　アスペクト助詞"着"
〈中国を知ろう〉　言葉と風習

日本語から引く語句索引　65

付録1　　　　　　　　72
　中国語の品詞　　基本の3文型　　複雑な文型
　疑問文の種類　　いろいろな疑問詞

付録2　　　　　　　　74
　中国を調べる参考図書　　中国語から中国を知る図書
　中国語・漢語辞典　　中国を調べるウェブリソース

中国語音節表

第1課　中国語と中国

＜調べてみよう－中国基礎知識－＞

❶ 中国の正式名称は？

❷ 人口はどのくらい？

❸ 一番多いのは何という民族？
　ほかにはどんな民族がいる？

❹ 中国に方言はある？

❺ 中国で使われている文字は？
　　A 國　　B 峠　　C 它　　D 廣　　E 广　　F 凵

❻ 中国語の発音は、どのように示される？

❼ 国旗の名前は？

❽ 国家の代表者の役職名は？

＜中国の基礎情報＞

1．面積

約 960 万 km^2（日本のおよそ 25.4 倍、世界第 4 位の国土）

（一般社団法人中国研究所編『中国年鑑 2023』）

2．人口

14 億 1178 万人（香港、マカオは含まない。2020 年 11 月 1 日現在）

（"第七次全国人口普査"）

3．民族

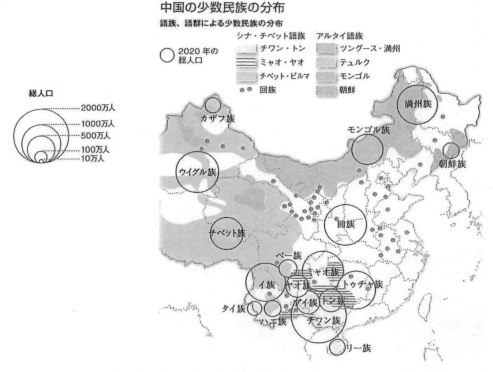

（ティエリ・サンジュアン著、太田佐絵子訳、マドレーヌ・ブノワ＝ギュイヨ地図製作
『地図で見る中国ハンドブック〈第 3 版〉』原書房、2024 年）

4．国旗

五星紅旗

5．国歌

義勇軍行進曲

＜中国語の基礎情報＞

1．「中国語」とは？

　一口に「中国語」と言っても、中国、つまり中華人民共和国で話されている言語は、一つだけではありません。中国は 56 もの民族から構成され、ほとんどの民族が固有の言語を持っています。また、およそ 960 万平方キロメートルと日本の 25 倍以上の国土を持つ中国では、方言の違いも顕著で、大きく 7 つの方言に区分されますが、語彙のみならず、文法的にも異なる部分があります。しかし、こうした一部の人々が話す言語に対し、普く中国で通用するものとして“普通话 pǔtōnghuà”（普通話）と呼ばれる言語があります。これは、北京語の発音を標準音とし、北方方言を基礎としています。また全人口の９割以上を占める漢族の言語でもあるため、“汉语 Hànyǔ”（漢語）とも呼ばれます。“普通话”は、実は中国大陸だけではなく、香港、マカオ、台湾、シンガポールなどでも通じます。これらの地域では、“国语”（国語）や“华语”（華語）と呼ばれ、大陸で話されている言語と少し違うところもありますが、お互いに意思疎通を図ることができる公用語となっています。

　本書で以下「中国語」という場合は、共通語である“普通话”または“汉语”を指します。

中国語の七大方言

方言名称	主な使用地域	使用人口 （全漢族比）	こんにちは	ありがとう	日本
北方語	北京・天津、東北三省など	75%	ニーハオ	シエシエ	リーベン
呉語	上海・蘇州、浙江省など	約 7.5%	ノンホウ	シャジャ	サパン
閩語	福建省、海南省など	約 5%	レーホウ	シャシャ	ニップン
粤語	広東省、広西チワン族自治区、香港など	約 4.3%	ネイホウ	ヂェヂェ	ヤッブン
客家語	広東省、福建省など	約 4%	ンホウ	アンツセイ	ニッブン
贛語	江西省など	約 3.3%	ノウハウ	シャシャ	ニーベン
湘語	湖南省など	約 3%	リホウ	シーシー	ズィベン

（上海音楽学院ウェブページ「現代漢語方言概況」2018 年に基づき作成。
語句の発音は発音辞典 forvo に基づき作成。イントネーションは省略）

2．中国語の発音

（1）声調がある

🎧2
第1声　mā　高く平らに（時報の「ピーン」のように）
第2声　má　急にぐっと上げる（驚いたときに言う「えっ？」のように）
第3声　mǎ　低く抑える（がっかりしたときに言う「あぁ」のように）
第4声　mà　ストンと落とす（カラスの鳴き声「カー」のように）
軽　声　ma　前の音節に軽く短く付ける

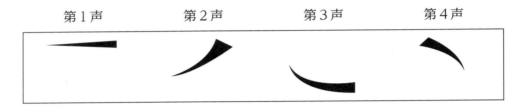

（2）母音は36個（巻末「中国語音節表」の1行目）

単母音　a　i　u　　　　　　など7個（14頁）
複母音　ai　ie　uo　iao　　など13個（26頁）
鼻母音　an　in　ong　uang　など16個（26頁）

（3）子音は21個（「中国語音節表」の1列目）

b　t　g　q　zh　c　など。単独では発音できず、後に母音が付く。（18、22頁）

有気音と無気音がある。
　　dà（大）－ tà（踏）

そり舌音がある。
　　zhōng（中）　　rì（日）

（4）発音の表記

アルファベットと声調符号から成るピンイン（"拼音 pīnyīn"）で表記する。ピンインはふつう、単語の切れ目で区切る。

　　Nǐ hǎo!（你好！）　　Xièxie!（谢谢！）

▶声調符号の付け方は第10課46頁も参照。

３．中国語の文字

簡体字	汉	广	写	边	关
繁体字	漢	廣	寫	邊	關（台湾などで使用）
cf.日本の漢字	漢	広	写	辺	関

簡体字の制定方法（（　）内は日本語の漢字）

① 草書体を使い簡略にする　　　　書（書）　　馬（馬）　　东（東）
② 偏やつくりを簡略にする　　　　话（話）　　馆（館）　　现（現）
③ 漢字の一部を残して簡略にする　电（電）　　飞（飛）　　习（習）
④ 意味や音から新字を作る　　　　笔（筆）　　众（衆）　　华（華）

４．中国語の語彙

（１）日本語と意味が同じかほぼ同じ語

椅子（いす）　　　人民（人民）　　　薄（薄い）　　　　　笑（笑う）
电话（電話）　　　复杂（複雑である）　出现（出現する）　　开始（開始する）
和平（平和）　　　命运（運命）　　　介绍（紹介する）　　限制（制限する）
手续（手続き）　　人气（人気）　　　过劳死（過労死する）量販店（量販店）

（２）日本語と意味が異なるか異なる意味のある語（同形異義語）

丈夫（夫）　　老婆（妻）　　　娘（母）　　　大家（みんな）　　猪（豚）
信（手紙）　　手纸（トイレットペーパー）　审判员（裁判官）　裁判员（審判員）
好（よい）　　便宜（安い）　　清楚（明らかである）　　　勉强（無理やりである）
炸（油で揚げる）　　　煎（鍋に少量の油を入れて焼く）　料理（処理する）

（３）日本語にはない漢字を用いる、または日本語にはない組み合わせの語

爸爸（お父さん）　　妈妈（お母さん）　　爷爷（父方の祖父）　奶奶（父方の祖母）
胡同（路地）　　　　词典（辞書）　　　电脑（コンピュータ）　信用卡（クレジットカード）
胖（太っている）　　笨（愚かである）　　老实（おとなしい）　漂亮（きれいである）
摆（並べる）　　　　扯（引っ張る）　　　甩（振り回す）　　　掰（両手で割る）

❓「油断一秒、怪我一生」という日本語を中国人はどう理解する？

第1課　11

５．中国語の文法

（１）主語＋動詞＋目的語

我　　　愛　　　你。　　　　　　私はあなたを愛しています。
私　　　愛する　　あなた

你　　　愛　　　我。　　　　　　あなたは私を愛しています。
あなた　愛する　　私

你　　　**不**　　　愛　　　我。　あなたは私を愛していません。
あなた　否定のマーク　愛する　　私

你　　　愛　　　我　　**吗**？　　あなたは私を愛していますか。
あなた　愛する　　私　　疑問のマーク

（２）修飾語＋被修飾語

我　的　衣服　　　你　愛　的　人　　　好吃　的　饺子
　　　　　　　　　　　　　　　　　　　おいしい

我　非常　愛　你。
　　とても

我　常常　　去　中国。
　　しょっちゅう　行く

（３）前置詞句＋動詞句

我　在　图书馆　学习　数学。
　　〜で　図書館　勉強する　数学

我　给　你　打　电话。
　　〜に　　かける　電話

第2課　你好！：中国人のあいさつ

＜調べてみよう－どんな人？－＞

3

❶ 毛　　泽东
Máo Zédōng

❷ 林　　郑　　月娥
Lín Zhèng Yuè'é

❸ 唐　　凤
Táng Fèng

❹ 钱　　学森
Qián Xuésēn

❺ 屠　　呦呦
Tú Yōuyōu

❻ 莫　　言
Mò Yán

❼ 张　　艺谋
Zhāng Yìmóu

❽ 成龙
Chénglóng

❾ 艾　　未未
Ài Wèiwèi

❿ 马　云
Mǎ Yún

◎ 上記以外の中国に関する人物の中国語表記と発音を調べてみよう。

第2課　13

＜発音しよう＞

単母音

4

a　　　「ア」より口を少し大きく開けはっきりと

o　　　aの口の形から唇をぐっと丸める

e　　　口をぼんやり開け力が入らないようにのどの奥から

i (yi)　　「イ」より少し力を入れて唇を左右に引いて

u (wu)　唇を丸め鋭く前へ突き出す

ü (yu)　「イ」より唇を丸め横笛を吹くように

er　　　eを発音しながら舌先をそりあげる（そり舌母音）

　※（　）内は、前に子音が付かない場合の表記。

声調が付くと、意味のある語になります。

5

è	yī	wǔ	èr	yú
饿	一	五	二	鱼

❓ 声調は第何声でしょうか

6

❶ e　　　　　　　　❷ yi

❸ wu　　　　　　　❹ er

❺ yu　　　　　　　❻ a

14

＜中国語の表現＞

あいさつ言葉

(7)

你 好！　　こんにちは。
Nǐ hǎo!

老师 好！　　先生、こんにちは。
Lǎoshī hǎo!

早上 好！　おはよう。
Zǎoshang hǎo!

晚上 好！　こんばんは。
Wǎnshang hǎo!

谢谢！　　ありがとう。
Xièxie!

不 谢。　　どういたしまして。
Bú xiè.

对不起。　ごめんなさい。
Duìbuqǐ.

没 关系。　かまいません。
Méi guānxi.

再见！　　さようなら。
Zàijiàn!

下 星期二 见！　火曜日に会いましょう。
Xià xīngqī'èr jiàn!

小 王！　王さん。
Xiǎo Wáng!

老 李！　　李さん。
Lǎo Lǐ!

张 老师！　張先生。
Zhāng lǎoshī!

孙 阿姨！　孫おばさん。
Sūn āyí!

第 2 課　15

＜中国を知ろう－中国人の姓－＞

🎧 8

| 张 Zhāng 張 | 王 Wáng 王 | 李 Lǐ 李 | 赵 Zhào 趙 | | 孙 Sūn 孫 | 刘 Liú 劉 | 马 Mǎ 馬 | 郑 Zhèng 鄭 |

| 朱 Zhū 朱 | 荀 Xún 荀 | 孔 Kǒng 孔 | 孟 Mèng 孟 | | 周 Zhōu 周 | 吴 Wú 吳 | 楚 Chǔ 楚 | 宋 Sòng 宋 |

| 欧阳 Ōuyáng 欧陽 | 诸葛 Zhūgě 諸葛 | 司马 Sīmǎ 司馬 | 上官 Shàngguān 上官 | 皇甫 Huángfǔ 皇甫 |

不同年代使用最多的 10 个名字（年代別名前ランキング）

	1970-1979 年		1980-1989 年		1990-1999 年		2000-2009 年		2010-2019 年	
	男	女	男	女	男	女	男	女	男	女
1	勇	丽	伟	静	伟	静	涛	婷	浩宇	欣怡
2	军	艳	磊	丽	超	婷	浩	欣怡	浩然	梓涵
3	伟	敏	勇	娟	涛	敏	杰	停梯	宇轩	诗涵
4	强	芳	涛	艳	杰	婷婷	鑫	静	子轩	梓萱
5	刚	静	超	燕	鹏	丹	俊杰	悦	宇航	子涵
6	建军	霞	强	敏	磊	雪	磊	敏	皓轩	紫涵
7	涛	红梅	鹏	娜	强	丽	帅	佳怡	子豪	佳怡
8	斌	燕	军	芳	浩	倩	宇	雪	浩轩	雨涵
9	波	红	波	丹	鑫	艳	浩然	颖	俊杰	雨欣
10	辉	英	杰	玲	帅	娟	鹏	雨欣	子涵	一诺

（2021 年公表《二〇二〇年全国姓名报告》のデータに基づき作成）

第3課 我爸爸：中国の家族関係

＜調べてみよう－誰でしょう？－＞

9

❶ 牛顿
Niúdùn

❷ 达尔文
Dá'ěrwén

❸ 爱因斯坦
Àiyīnsītǎn

❹ 诺贝尔
Nuòbèi'ěr

❺ 莎士比亚
Shāshìbǐyà

❻ 贝多芬
Bèiduōfēn

❼ 圣雄·　　甘地
Shèngxióng Gāndì

❽ 纳尔逊·曼德拉
Nà'ěrxùn Màndélā

❾ 迈克尔·乔丹
Màikè'ěr Qiáodān

❿ 利昂内尔·梅西
Lì'ángnèi'ěr Méixī

⓫ 哈利·波特
Hālì　Bōtè

⓬ 哆啦 A 梦
DuōlāAmèng

⓭ 蜡笔 小 新
Làbǐ Xiǎo Xīn

⓮ 樱桃　小　丸子
Yīngtáo Xiǎo Wánzǐ

◎ 上記以外の外国人（日本人を除く）の名前、またはマンガやアニメのタイトルの中国
語表記と発音を調べてみよう。

第3課　17

＜発音しよう＞

子音（1）

		無気音	有気音		
(10)	唇音	b (o)	p (o)	m (o)	f (o)
	舌尖音	d (e)	t (e)	n (e)	l (e)
	舌根音	g (e)	k (e)	h (e)	
	舌面音	j (i)	q (i)	x (i)	
	そり舌音	zh (i)	ch (i)	sh (i)	r (i)
	舌歯音	z (i)	c (i)	s (i)	

※（　）内は、発音練習のためにつける母音。

無気音と有気音

無気音：息を強く出さない音。あまり濁らないように注意。

有気音：強い息を伴う音。ためていた息を一気に吐き出す。

練習しよう

(11)

bì — pì	dú — tú	gē — kē
必　屁	独　图	歌　科

jī — qī	zhī — chī	fù — hù
鸡　七	知　吃	父　互

発音したのはどちらでしょうか

(12)

❶ bō — pō　　　　❷ dǎ — tǎ　　　　❸ gù — kù

❹ jí — qí　　　　❺ zì — cì　　　　❻ fù — hù

＜中国語の表現＞

1．親族名称

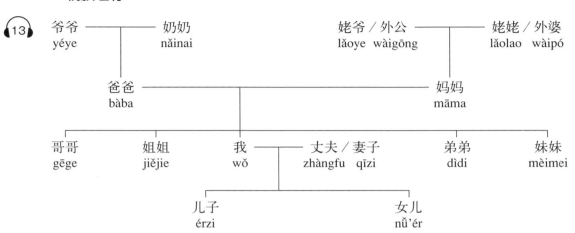

2．人称代名詞

	一人称	二人称	三人称
単数	我 wǒ	你／您 nǐ　nín	他　她　它 tā　tā　tā
複数	我们／咱们 wǒmen　zánmen	你们 nǐmen	他们　她们　它们 tāmen　tāmen　tāmen

3．連体修飾語をつなげる"的"（1）

我们 的 爷爷　　　咱们 的 姐姐　　　他们 的 儿子
wǒmen de yéye　　zánmen de jiějie　　tāmen de érzi

我（的）妈妈　　　他（的）爸爸　　　你（的）奶奶
wǒ (de) māma　　　tā (de) bàba　　　nǐ (de) nǎinai

第3課　19

＜中国を知ろう－複雑な親族名称－＞

「おじさん」

伯伯	叔叔	舅舅	姑父	姨父
bóbo	shūshu	jiùjiu	gūfu	yífu
父の兄	父の弟	母の兄弟	父の姉妹の夫	母の姉妹の夫

「おばさん」

大娘	婶儿	舅母	姑姑（姑妈）	姨（姨妈）
dàniáng	shěnr	jiùmǔ	gūgu (gūmā)	yí (yímā)
父の兄の妻	父の弟の妻	母の兄弟の妻	父の姉妹	母の姉妹

「あに、あね」

嫂子	姐夫	弟妹	妹夫
sǎozi	jiěfu	dìmèi	mèifu
兄の妻	姉の夫	弟の妻	妹の夫

大哥	二姐	三妹	四弟
dàgē	èrjiě	sānmèi	sìdì
1番上の兄	2番目の姉	3番目の妹	4番目の弟

堂兄（哥哥）	堂妹（妹妹）	表姐	表弟
tángxiōng	tángmèi	biǎojiě	biǎodì
父方の従兄	父方の従妹	母方の従姉	母方の従弟

「こ、まご」

媳妇	女婿	孙子	孙女
xífù	nǚxù	sūnzi	sūnnǚ
息子の妻	娘の夫	男性の孫	女性の孫

「おい、めい」

侄子	侄女	外甥	外甥女
zhízi	zhínǚ	wàisheng	wàishengnǚ
兄弟の息子	兄弟の娘	姉妹の息子	姉妹の娘

第4課　我是日本人。：中国の大学

＜調べてみよう－どこの国？－＞

🎧16

❶ 美国　Měiguó
❷ 英国　Yīngguó
❸ 意大利　Yìdàlì
❹ 俄罗斯　Éluósī
❺ 蒙古　Měnggǔ
❻ 加拿大　Jiānádà
❼ 新加坡　Xīnjiāpō
❽ 西班牙　Xībānyá
❾ 泰国　Tàiguó
❿ 德国　Déguó
⓫ 新西兰　Xīnxīlán
⓬ 菲律宾　Fēilǜbīn
⓭ 法国　Fǎguó
⓮ 越南　Yuènán
⓯ 埃及　Āijí
⓰ 澳大利亚　Àodàlìyà

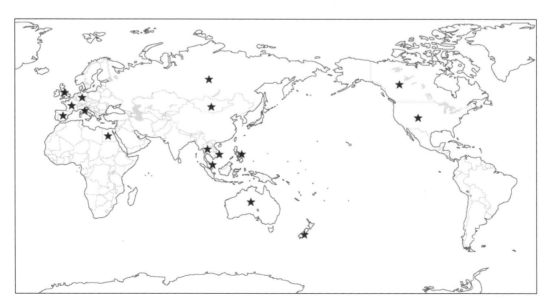

第4課　21

＜発音しよう＞

子音（2）

	無気音	有気音		
唇音 しんおん	b (o)	p (o)	m (o)	f (o)
舌尖音 ぜっせんおん	d (e)	t (e)	n (e)	l (e)
舌根音 ぜっこんおん	g (e)	k (e)	h (e)	
舌面音 ぜつめんおん	j (i)	q (i)	x (i)	
そり舌音 じたおん	zh (i)	ch (i)	sh (i)	r (i)
舌歯音 ぜっしおん	z (i)	c (i)	s (i)	

※ 18 頁の表を再掲。

そり舌音
　舌先を歯茎のうしろの方へ立てて発音する。
　zh-、ch- は、舌先を上あごにつけ、sh-、r- はつけない。

🗨 練習しよう

zhī	chī	shì	rì	zhù	chú	shǔ	rù
知	吃	是	日	住	除	属	入

❓ 発音したのはどちらでしょうか

❶ zhī － jī　　　　　　❷ chí － qí

❸ shǐ － xǐ　　　　　　❹ rì － lì

❺ jǐ － zǐ　　　　　　❻ fā － hā

❼ sì － xì　　　　　　❽ cè － kè

＜中国語の表現＞

1．動詞"是"：Ａ是Ｂ 「ＡはＢです」

肯定文： 主語 是 目的語 。
否定文： 主語 不 是 目的語 。
疑問文： 主語 是 目的語 吗？

(20)

我 是 日本人 。 Wǒ shì Rìběnrén.
我们是大学生。 Wǒmen shì dàxuéshēng.
他不是中国人。 Tā bú shì Zhōngguórén.
你是美国人吗？ Nǐ shì Měiguórén ma?
——是，我是美国人。 Shì, wǒ shì Měiguórén.
你是老师吗？ Nǐ shì lǎoshī ma?
——不，我不是老师。 Bù, wǒ bú shì lǎoshī.

［老师：先生、教師］

2．人や物を指し示す指示代名詞

(21)

これ	あれ（それ）	どれ
这 zhè	那 nà	哪 nǎ
这个 zhège/zhèige	那个 nàge/nèige	哪个 nǎge/něige
这些 zhèxiē/zhèixiē	那些 nàxiē/nèixiē	哪些 nǎxiē/něixiē

(22)

这是我爸爸。 Zhè shì wǒ bàba.
那不是她奶奶。 Nà bú shì tā nǎinai.
哪个是你的老师？ Nǎge shì nǐ de lǎoshī?

第4課　23

＜中国を知ろう－中国の大学－＞

教学楼	图书馆	体育馆	操场	广场
jiàoxuélóu	túshūguǎn	tǐyùguǎn	cāochǎng	guǎngchǎng
教室棟	図書館	体育館	運動場	広場

食堂	学生 活动 中心	办公楼	商店
shítáng	xuéshēng huódòng zhōngxīn	bàngōnglóu	shāngdiàn
食堂	学生活動センター	事務棟	商店

学生 宿舍	医院	澡堂	银行	理发店
xuéshēng sùshè	yīyuàn	zǎotáng	yínháng	lǐfàdiàn
学生宿舎	病院	浴場	銀行	理髪店

北京師範大学平面図

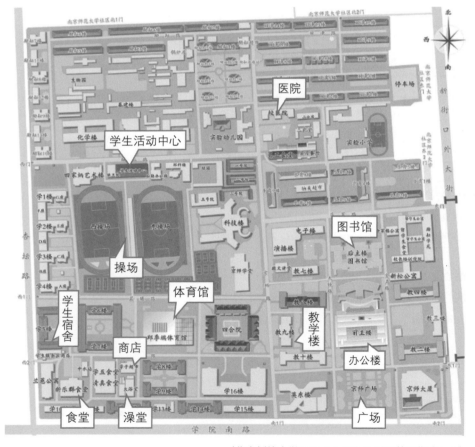

（北京師範大学のサイトにある図を基に作成した）

第5課　我们学习汉语。：中国のことわざ

＜調べてみよう－外来語－＞

23

❶ 咖啡
kāfēi
_____

❷ 可口可乐
Kěkǒukělè
_____

❸ 白兰地
báilándì
_____

❹ 啤酒
píjiǔ
_____

❺ 沙拉
shālā
_____

❻ 巧克力
qiǎokèlì
_____

❼ 沙丁鱼
shādīngyú
_____

❽ 乌冬面
wūdōngmiàn
_____

❾ 马拉松
mǎlāsōng
_____

❿ 高尔夫球
gāo'ěrfūqiú
_____

⓫ 保龄球
bǎolíngqiú
_____

⓬ 芭蕾舞
bālěiwǔ
_____

⓭ 麦当劳
Màidāngláo
_____

⓮ 肯德基
Kěndéjī
_____

⓯ 三得利
Sāndélì
_____

⓰ 奔驰
Bēnchí
_____

⓱ 卡拉OK
kǎlāOK
_____

⓲ 托福
Tuōfú
_____

⓳ 酷
kù
_____

⓴ 秀
xiù
_____

◎　上記以外の外来語の中国語表記と発音を調べてみよう。

第5課　25

＜発音しよう＞

複母音

前の音を響かせ後ろの音の唇の形へ閉じていくもの

(24) **ai**   **ei**   **ao**   **ou**

最初の音の唇の形から後ろの音の唇の形へ開き音を響かせるもの

ia (ya)   **ie (ye)**   **ua (wa)**   **uo (wo)**   **üe (yue)**

最初の音の唇の形から２番目の音の唇の形に開き、音を響かせ後ろの音の唇の形へ閉じていくもの

iao (yao)   **iou (you)**   **uai (wai)**   **uei (wei)**

※（　）内は、前に子音が付かない場合の表記。

💬 練習しよう

(25)
ài	běi	hǎo	dòu	yá	xiè	guā	duō	yuè
爱	北	好	豆	牙	谢	瓜	多	月

piào	yǒu	kuài	wèi
票	有	快	味

鼻母音

最後に舌先を上の前歯の裏につけるもの

(26) **an**   **en**   **ian (yan)**   **in (yin)**

uan (wan)   **uen (wen)**   **ün (yun)**   **üan (yuan)**

最後に舌全体を奥に引いて、息が鼻から出るようにするもの

ang   **eng**   **iang (yang)**   **ing (ying)**

uang (wang)   **ueng (weng)**   **ong**   **iong (yong)**

💬 練習しよう

(27)
sǎn	rén	jiàn	nín	guān	sūn	qún	yuán
伞	人	见	您	关	孙	群	元

zhāng	péng	yáng	jǐng	wáng	wēng	zhōng	yòng
张	朋	羊	井	王	翁	中	用

＜中国語の表現＞

1．動詞述語文

肯定文：主語　　動詞　（目的語）。
否定文：主語　不　動詞　（目的語）。
疑問文：主語　　動詞　（目的語）吗？

(28)

我们 学 汉语。	Wǒmen xué Hànyǔ.	［汉语：中国語］
我去。	Wǒ qù.	［去：行く］
他不来。	Tā bù lái.	
你去吗？	Nǐ qù ma?	
——去。	Qù.	
他们学韩语吗？	Tāmen xué Hányǔ ma?	［韩语：韓国語］
——不，他们不学韩语。	Bù, tāmen bù xué Hányǔ.	

2．疑問詞"什么"

聞きたい成分のところに疑問詞を置く。

主語　動詞　目的語。　　　目的語が何であるかを聞きたい
　　　　↓　　　　　　　　　　　　↓
主語　動詞　什么？　　　疑問詞"什么"を目的語の位置に置く

(29)

你 喝 什么？	Nǐ hē shénme?
——我 喝 咖啡。	Wǒ hē kāfēi.
他们学什么？	Tāmen xué shénme?
——他们学汉语。	Tāmen xué Hànyǔ.
这是什么？	Zhè shì shénme?
——这是咖啡。	Zhè shì kāfēi.

第5課　27

＜中国を知ろうー中国の成語・ことわざー＞

日本でもよく知られている成語、ことわざ

入乡随俗	rù xiāng suí sú	郷に入っては郷に従え
画蛇添足	huà shé tiān zú	蛇足
五十步笑百步	wǔshí bù xiào bǎi bù	五十歩百歩

例えるものが異なる成語、ことわざ

对牛弹琴	duì niú tán qín	馬の耳に念仏
磨杵成针	mó chǔ chéng zhēn	雨だれ石をうがつ
临阵磨枪	lín zhèn mó qiāng	泥棒を捕らえて縄をなう
纸上谈兵	zhǐshang tán bīng	畳の上の水練
瘦死的骆驼比马大	shòusǐ de luòtuo bǐ mǎ dà	腐っても鯛
癩蛤蟆想吃天鹅肉	làiháma xiǎng chī tiān'é ròu	及ばぬ鯉の滝登り
说曹操，曹操就到	shuō Cáo Cāo, Cáo Cāo jiù dào	うわさをすれば影
一口吃不成胖子	yì kǒu chī bu chéng pàngzi	ローマは一日にして成らず

中国人の知恵

不打不成交	bù dǎ bù chéngjiāo	けんかは仲良しの始まり
车到山前必有路	chē dào shānqián bì yǒu lù	窮すれば通ず
万事开头难	wànshì kāitóu nán	どんなことでも初めが難しい
一回生，二回熟	yì huí shēng, èr huí shú	最初は慣れないが次は慣れる
不怕慢，只怕站	bú pà màn, zhǐ pà zhàn	遅いのはいいが立ち止まらないように
旧的不去，新的不来	jiù de bú qù, xīn de bù lái	古いものが行かないと新しいものが来ない
有志者事竟成	yǒuzhìzhě shì jìng chéng	志のある者は事を成し遂げられる
站得高，看得远	zhàn de gāo, kàn de yuǎn	高い所に立てば、遠くまで見渡せる

第6課　中国菜很好吃！：中華料理

＜調べてみよう－名前の言い方と形容詞－＞

❶ 自分の名前は中国語ではどう書く？
（簡体字）

❷ 自分の名前は中国語でどう発音する？
（ピンイン）

次の形容詞の意味は？

❸ 好　←→　坏
　hǎo　　　huài

❹ 高　←→　矮
　gāo　　　ǎi

❺ 便宜　←→　贵
　piányi　　　guì

❻ 热　←→　冷
　rè　　　lěng

❼ 胖　←→　瘦
　pàng　　　shòu

❽ 干净　←→　脏
　gānjìng　　　zāng

❾ 好吃　　　好喝　　　好看　　　好听　　　好玩儿
　hǎochī　　hǎohē　　hǎokàn　　hǎotīng　　hǎowánr

❿ 认真　　　顺利　　　舒服　　　麻烦　　　漂亮
　rènzhēn　　shùnlì　　shūfu　　máfan　　piàoliang

第6課　29

＜発音しよう＞

第３声の変調

(31) 第３声＋第３声→第２声＋第３声 　你好 nǐ hǎo → ní hǎo

※ 声調符号は変わらない。

💬 練習しよう

(32)

wǔbǎi	Fǎyǔ	hǎo jiǔ	yǔsǎn
五百	法语	好 酒	雨伞
	フランス語		雨傘

"不 bù" の変調

(33)

	第１声	bù chī 不吃
"不" ＋ 第２声 → "不" の変調なし		bù lái 不来
	第３声	bù hǎo 不好

"不" ＋ 第４声 → "不" は第２声に変調　bú shì 不是　bú xiè 不谢　bú guì 不贵

※ 声調符号も変わる。

"儿 er" 化

母音の口の形から滑らかに舌を立てる。

💬 練習しよう

(34)

huār	yíhuìr	yìdiǎnr	diànyǐngr
花儿	一会儿	一点儿	电影儿
	しばらく	少し	映画

※ "儿" (-r) の前の i、n、ng は読まない。

＜中国語の表現＞

１．名前の聞き方、言い方

(35) 您贵姓？　　　　　　　　　Nín guìxìng?　　　　　　　　　　　［贵姓：お名前］
　　——我姓张。　　　　　　　Wǒ xìng Zhāng.
　　你叫什么名字？　　　　　　Nǐ jiào shénme míngzi?　　　　　　　［叫：～と言う］
　　——我叫中田里奈。　　　　Wǒ jiào Zhōngtián Lǐnài.　　　　　　［名字：名前］

💬 自分の名前を中国語で言おう

　　我　姓 ＿＿＿＿＿＿＿＿，叫 ＿＿＿＿＿＿＿＿＿＿＿＿＿。
　　Wǒ xìng　　　　　　　　　jiào

２．形容詞述語文

肯定文（対比的に言う場合）：主語　　　　　　　　形容詞 。
肯定文（描写的に言う場合）：主語　很などの副詞　形容詞 。
否定文　　　　　　　　　　：主語　　不　　　　　形容詞 。
疑問文　　　　　　　　　　：主語　　　　　　　　形容詞　吗？

(36) 西瓜 甜，苦瓜 苦。　　　　Xīguā tián, kǔguā kǔ.　　　　　　　　［甜：甘い］
　　中国菜很好吃。　　　　　　Zhōngguócài hěn hǎochī.　　　　　　［中国菜：中華料理］
　　我的手机不便宜。　　　　　Wǒ de shǒujī bù piányi.　　　　　　　［手机：携帯電話］
　　乌龙茶好喝吗？　　　　　　Wūlóngchá hǎohē ma?　　　　　　　　［乌龙茶：ウーロン茶］

３．疑問詞"怎么样"

(37) 味道怎么样？　　　　　　　Wèidao zěnmeyàng?　　　　　　　　　［味道：味］
　　你的手机怎么样？　　　　　Nǐ de shǒujī zěnmeyàng?
　　咱们包饺子，怎么样？　　　Zánmen bāo jiǎozi, zěnmeyàng?　　　　［包饺子：餃子を作る］

＜中国を知ろう－中華料理－＞

菜单 càidān

冷菜 lěngcài
　棒棒鸡 bàngbàngjī
　皮蛋 pídàn
　叉烧肉 chāshāoròu
　生鱼片 shēngyúpiàn

热菜 rècài
　回锅肉 huíguōròu
　青椒肉丝 qīngjiāoròusī
　古老肉 gǔlǎoròu
　麻婆豆腐 mápódòufu
　涮羊肉 shuànyángròu
　干烧虾仁 gānshāoxiàrén
　土豆丝 tǔdòusī
　北京烤鸭 běijīngkǎoyā
　炒青菜 chǎoqīngcài

主食 zhǔshí
　米饭 mǐfàn
　炒饭 chǎofàn
　水饺 shuǐjiǎo
　担担面 dàndanmiàn
　小笼包 xiǎolóngbāo

汤 tāng
　西红柿蛋汤 xīhóngshìdàntāng
　酸辣汤 suānlàtāng
　玉米汤 yùmǐtāng
　鱼翅汤 yúchìtāng

点心 diǎnxin
　杏仁豆腐 xìngréndòufu
　芒果布丁 mángguǒbùdīng
　西瓜 xīguā
　冰激凌 bīngjilíng

饮料 yǐnliào
　矿泉水 kuàngquánshuǐ
　可口可乐 Kěkǒukělè
　橘子汁 júzizhī
　乌龙茶 wūlóngchá
　花茶 huāchá
　普洱茶 pǔ'ěrchá
　啤酒 píjiǔ

第7課　今天几号？：中国の祝祭日

＜調べてみよう－中国人と数字－＞

❶ 中国で11月11日は何の日？

❷ 重陽の節句とはいつ？どんなことをする？

❸ 絵画や装飾美術の題材として扱われることが多い、
　中国の民間に伝わる代表的な複数の神仙の総称は？

❹ 中国人が8を好むのはなぜ？

❺ 中国人が6を好むのはなぜ？

❻ 仕事のやり方に関して用いられる"九九六 jiǔ jiǔ liù"の意味は？

◎ 中国人は指を使ってどのように数を示すか調べてみよう。

＜発音しよう＞

数の言い方

38

一	二	三	四	五	六	七	八	九	十
yī	èr	sān	sì	wǔ	liù	qī	bā	jiǔ	shí

十一	十二	十三	……	二十
shíyī	shí'èr	shísān		èrshí

二十一	二十二	……	九十九	一百
èrshiyī	èrshi'èr		jiǔshíjiǔ	yìbǎi

一百零一	一百零二	……	一百一（十）
yìbǎi líng yī	yìbǎi líng èr		yìbǎi yī (shí)

一百一十一	一百一十二	……	一百二（十）
yìbǎi yīshiyī	yìbǎi yīshi'èr		yìbǎi èr (shí)

二百／两百	一千	两千	两千二百	一万
èrbǎi　liǎngbǎi	yìqiān	liǎngqiān	liǎngqiān èrbǎi	yíwàn

"一 yī" の変調

39

	第１声		yìbān　一般
"一" ＋	第２声	→ "一"は第４声に変調	yì nián　一年
	第３声		yìbǎi　一百

"一" ＋ 第４声 → "一"は第２声に変調　yíwàn　一万　　yíqiè　一切　　yízhì　一致

※ 声調符号も変わる。

ただし、順番を表す序数の場合は、後の音の声調にかかわらず、変調しない。

40

第一天 dì yī tiān　　一排 yī pái　　一等 yī děng

二〇二一年一月一号 èr líng èr yī nián yī yuè yī hào

＜中国語の表現＞

１．年月日、曜日の言い方

41

1949 年 yī jiǔ sì jiǔ nián　　　2020 年 èr líng èr líng nián　　　2025 年 èr líng èr wǔ nián

一月 yī yuè　　　　二月 èr yuè　　　　三月 sān yuè ……
十月 shí yuè　　　十一月 shíyī yuè　　十二月 shí'èr yuè

一号 yī hào　　　　二号 èr hào　　　　三号 sān hào ……
十号 shí hào　　　十一号 shíyī hào　……　三十一号 sānshiyī hào

星期一 xīngqīyī　　星期二 xīngqī'èr　　星期三 xīngqīsān　　星期四 xīngqīsì
星期五 xīngqīwǔ　　星期六 xīngqīliù　　星期天／日 xīngqītiān／rì

２．時刻の言い方

42

一点 yì diǎn　　两点零二分 liǎng diǎn líng èr fēn
三点二十分 sān diǎn èrshí fēn
五点十五分 wǔ diǎn shíwǔ fēn ＝ 五点一刻 wǔ diǎn yí kè
六点半 liù diǎn bàn
七点四十五分 qī diǎn sìshiwǔ fēn ＝ 七点三刻 qī diǎn sān kè
九点五十八分 jiǔ diǎn wǔshibā fēn ＝ 差两分十点 chà liǎng fēn shí diǎn

　　※　二：序数を言うときに用いる。
　　　　两：数量を言うときに主に用いる。

３．疑問詞 "几"

43

二零一几年 èr líng yī jǐ nián　　　几月几号 jǐ yuè jǐ hào
星期几 xīngqī jǐ　　　　　　　　几点 jǐ diǎn

４．名詞述語文

肯定文：主語　　　名詞句。
否定文：主語　不　是　名詞句。
　※　否定文は、名詞句の前に "不是" が入る。

44

现在十点四十五分。　Xiànzài shí diǎn sìshiwǔ fēn.
你的生日几月几号？　Nǐ de shēngrì jǐ yuè jǐ hào?

第 7 課　35

＜中国を知ろう－中国の祝祭日－＞

一般的な祝祭日

名称	月日	休日	日本語
元旦 Yuándàn	1月1日	1日	元旦
春节 Chūnjié	旧暦1月1日	3日	春節（旧正月）
清明节 Qīngmíngjié	4月5日頃	1日	清明節
劳动节 Láodòngjié	5月1日	1日	メーデー
端午节 Duānwǔjié	旧暦5月5日	1日	端午の節句
中秋节 Zhōngqiūjié	旧暦8月15日	1日	中秋節
国庆节 Guóqìngjié	10月1日	3日	国慶節（建国記念日）

一部の人が対象となる祝祭日

名称	月日	休日	日本語
妇女节 Fùnǚjié	3月8日	女性のみ 半日休み	国際女性デー
青年节 Qīngniánjié	5月4日	14－28歳の青年のみ 半日休み	中国青年デー
儿童节 Értóngjié	6月1日	14歳未満の子供のみ 1日休み	国際子どもの日
建军节 Jiànjūnjié	8月1日	現役軍人のみ 半日休み	中国人民解放軍建軍記念日
教师节 Jiàoshījié	9月10日	休日はなく、 記念行事がある	世界教師デー

（2024年現在）

第8課 这个多少钱？：中国の買い物事情

＜調べてみよう－モノの値段－＞

❶ 中国の通貨単位は？

❷ "日元 rìyuán"（日本円）に対する今日の為替レートは？

　　1＿＿＿＿＝＿＿＿＿＿＿＿円

❸ "麦当劳 Màidāngláo"（マクドナルド）の "汉堡包 hànbǎobāo"（ハンバーガー）の中国での値段は？

❹ "星巴克 Xīngbākè"（スターバックスコーヒー）の "拿铁 nátiě"（ラテ）、"中杯 zhōngbēi"（トール）の中国での値段は？

❺ 北京の地下鉄の最低運賃は？

❻ "上海迪士尼乐园 Shànghǎi Díshìní lèyuán"（上海ディズニーランド）の大人・平日の中国での "票价 piàojià"（入場料）はいくら〔中国での価格〕？

＜発音しよう＞

音節表を読もう（１）（巻末「中国語音節表」参照）

発音のポイントのまとめ

a：「ア」と「エ」

（45）

はっきりした「ア」 ai ao an ang ia iao iang

ua uai uan uang

「エ」 ian üan

i：２つの「イ」と１つの「ウ」

（46）

はっきりした「イ」 yi bi pi mi di ti ni li ji qi xi

ぼんやりした「イ」 zhi chi shi ri

ぼんやりした「ウ」 zi ci si

e：「エ＋オ」と「エ」と「ア」

（47）

のどの奥から「エ＋オ」 e eng ueng

「エ」 ei en ie uei uen üe

ぼんやりした「ア」 er

「ウ」に聞こえる音

（48）

唇を丸めない「ウ」 zi ci si

唇を丸めた「ウ」 wu bu pu mu fu du tu nu lu

gu ku hu zhu chu shu ru zu cu su

舌を引いた「ウ」 e me de te ne le ge ke he

zhe che she re ze ce se

38

＜中国語の表現＞

1．人や物の数を示す言い方

数詞＋量詞＋名詞

よく使う量詞

49

个 ge	一**个**学生 yí ge xuésheng	三**个**苹果 sān ge píngguǒ
		[苹果：リンゴ]
本 běn	两**本**杂志 liǎng běn zázhì	五**本**书 wǔ běn shū
		[杂志：雑誌　书：本]
把 bǎ	三**把**椅子 sān bǎ yǐzi	六**把**伞 liù bǎ sǎn
		[伞：傘]
条 tiáo	一**条**蛇 yì tiáo shé	八**条**裤子 bā tiáo kùzi
		[裤子：ズボン]
张 zhāng	四**张**票 sì zhāng piào	十**张**地图 shí zhāng dìtú
		[票：チケット　地图：地図]
件 jiàn	七**件**衬衫 qī jiàn chènshān	一**件**事 yí jiàn shì
		[衬衫：ワイシャツ　事：事柄]
只 zhī	三**只**狗 sān zhī gǒu	六**只**猫 liù zhī māo
		[狗：犬]
辆 liàng	一**辆**自行车 yí liàng zìxíngchē	四**辆**汽车 sì liàng qìchē
		[自行车：自転車　汽车：車]
双 shuāng	一**双**眼睛 yì shuāng yǎnjing	三**双**鞋 sān shuāng xié
		[眼睛：目]
杯 bēi	五**杯**咖啡 wǔ bēi kāfēi	七**杯**茶 qī bēi chá

2．人や物を指し示す言い方

指示代名詞＋数詞＋量詞＋名詞

50

这个苹果　　　　zhèige píngguǒ

那两本杂志　　　nà liǎng běn zázhì

哪三个学生　　　nǎ sān ge xuésheng

这一个	zhè yí ge
这个	zhèige

3．疑問詞"多少"

51

这本书多少钱？　Zhè běn shū duōshao qián?

票多少钱一张？　Piào duōshao qián yì zhāng?

第8課　39

＜中国を知ろう－中国の買い物事情－＞

スーパーマーケットで

卷心菜 0.88 元／500g

白菜 0.58 元／500g

西瓜 1.28 元／500g

西红柿 1.58 元／500g

毛豆 2.98 元／500g

香蕉 2.98 元／500g

（上海、爱家玛特生鲜超市 2024年7月のチラシを基に作成）

ネット上で

（淘宝 https://world.taobao.com/）

第9課　中国有很多世界遗产。：中国の世界遺産（1）

＜調べてみよう－有名な都市の名前－＞

52
❶ Àomén _____　　❷ Běijīng _____

❸ Chóngqìng _____　　❹ Chéngdū _____

❺ Guǎngzhōu _____　　❻ Guìlín _____

❼ Hángzhōu _____　　❽ Kūnmíng _____

❾ Lāsà _____　　❿ Nánjīng _____

⓫ Shànghǎi _____　　⓬ Shěnyáng _____

⓭ Tàiyuán _____　　⓮ Tiānjīn _____

⓯ Wǔhàn _____　　⓰ Wūlǔmùqí _____

⓱ Xī'ān _____　　⓲ Xiānggǎng _____

◎ 自分の出身地と姉妹都市提携を結んでいる中国の都市の中国語表記と発音を調べてみよう。

第9課　41

＜発音しよう＞

音節表を読もう（2） （巻末「中国語音節表」参照）

ピンインのルールのまとめ

① 母音 i、u、ü の前に子音が付かない場合

i- → y-

i → yi　　　ia → ya　　　ie → ye　　　iao → yao　……　iong → yong

u- → w-

u → wu　　　ua → wa　　　uo → wo　　　uai → wai　……　ueng → weng

ü- → yu-

ü → yu　　　üe → yue　　　üan → yuan　　　ün → yun

② 複母音 iou、uei と鼻母音 uen の前に子音が付く場合

iou → -iu

miou → miu　　　diou → diu　　　niou → niu　……　xiou → xiu

uei → -ui

duei → dui　　　tuei → tui　　　guei → gui　……　suei → sui

uen → -un

duen → dun　　　tuen → tun　　　luen → lun　……　suen → sun

③ 音節が a、o、e で始まる場合、前の音節との区切りを示すために隔音符号 [’] を付ける。

西安 Xī’ān　　　対偶 duì’ǒu　　　十二 shí’èr

④ 文頭は大文字。固有名詞は文中でも大文字。

我是日本人。　　　　　Wǒ shì Rìběnrén.

他去中国，我去美国。　Tā qù Zhōngguó, wǒ qù Měiguó.

42

＜中国語の表現＞

1．場所を示す指示代名詞

ここ	あそこ（そこ）	どこ
这儿 zhèr／这里 zhèli	那儿 nàr／那里 nàli	哪儿 nǎr／哪里 nǎli

(53)

2．時間詞

(54)

早上 zǎoshang	上午 shàngwǔ	中午 zhōngwǔ	下午 xiàwǔ	晚上 wǎnshang
前天 qiántiān	昨天 zuótiān	今天 jīntiān	明天 míngtiān	后天 hòutiān
前年 qiánnián	去年 qùnián	今年 jīnnián	明年 míngnián	后年 hòunián

3．所在を表す動詞"在"

肯定文：主語（人・物） 在 場所を表す語
否定文：主語（人・物） 不 在 場所を表す語

(55)

我家 在 岐阜 。　　　　Wǒ jiā zài Qífù.

今天你在家吗？　　　　Jīntiān nǐ zài jiā ma?

明天我妈妈不在家。　　Míngtiān wǒ māma bú zài jiā.

现在他们在哪儿？　　　Xiànzài tāmen zài nǎr?

4．存在・所有を表す動詞"有"

肯定文：場所を表す語 有 存在・所有する物や人
否定文：場所を表す語 没 有 存在・所有する物や人

(56)

桌子上 有 一本书 。　　　Zhuōzishang yǒu yì běn shū.

图书馆里没有电视。　　　　Túshūguǎnli méiyǒu diànshì.　　　　[电视：テレビ]

你们学校有中国老师吗？　　Nǐmen xuéxiào yǒu Zhōngguó lǎoshī ma?

我有两个弟弟。　　　　　　Wǒ yǒu liǎng ge dìdi.

那个人有几辆自行车？　　　Nàge rén yǒu jǐ liàng zìxíngchē?

第9課　43

＜中国を知ろう－中国の世界遺産（1）－＞

文化遺産
歴代王朝関連
① 北京と瀋陽の明・清王朝皇宮 　② 万里の長城（北京市・甘粛省など）
③ 秦の始皇帝陵と兵馬俑坑（陝西省）　④ 承徳避暑山荘と外八廟（河北省）
⑤ 天壇（北京市）　　⑥ 頤和園（北京市）　など

地方政府等関連
① ポタラ宮、ジョカン寺、ノルブリンカ（チベット）
② 高句麗王城、王陵及び貴族の古墳（吉林省・遼寧省）
③ 上都遺跡（内モンゴル自治区）
④ 土司遺跡群（湖南省、湖北省ほか）　など

宗教関連
① 曲阜の孔廟、孔林、孔府（山東省）　② 武当山の古代建築群（湖北省）
③ 大足石刻（重慶市）　　④ 五台山（山西省）
⑤ 「天地之中」歴史建築群（河南省）　など

石窟
① 敦煌莫高窟（甘粛省）　　② 龍門石窟（河南省）
③ 雲岡石窟（山西省）

街並みと景観
① 廬山国立公園（江西省）　　② 麗江古城（雲南省）
③ 平遥古城（山西省）　　④ 蘇州の古典庭園（江蘇省）
⑤ 安徽省南部の古村落　　⑥ マカオ旧市街　など

その他
① 周口店の北京原人遺跡（北京市）　② 青城山と都江堰（四川省）
③ シルクロード：長安－天山回廊の交易路網（河南省、陝西省ほか）　など

自然遺産
① 九寨溝（四川省）　　② 黄龍（四川省）
③ 武陵源（山東省）　　④ 三江併流（雲南省）
⑤ 四川省のパンダ生息地　　⑥ 中国南方カルスト（雲南省、貴州省ほか）

　　　　　　　　　　　　　　　　　　　　　　　　　　　　　　　　　　など

複合遺産
① 泰山（山東省）　　② 黄山（安徽省）
③ 峨眉山と楽山大仏（四川省）　④ 武夷山（福建省）

44

第10課　我跟你一起去！：中国の世界遺産（２）

＜調べてみよう－中国の通貨－＞

❶ 中国の紙幣のうち最高額面は？

❷ １元札の裏に描かれているのはどこ？

❸ ５元札の裏に描かれているのはどこ？

❹ 50元札の裏に描かれているのはどこ？

❺ 中国の通貨のことを中国語で何と言う？

❻ "支付宝 Zhīfùbǎo" "微信支付 Wēixìn zhīfù" って何？

◎ あなたが行きたい世界遺産の中国語表記と発音を調べてみよう。

第10課　45

＜発音しよう＞

音節表を読もう（3）（巻末「中国語音節表」参照）

声調符号の付け方のまとめ
① 母音が1つなら母音の上に。
　　gē 歌　　　chá 茶
② 母音が2つ以上なら、
　　a があれば、a の上に。
　　　lǎo 老　　kuài 快
　　a がなければ、o か e の上に。
　　　lóu 楼　　běi 北
　　a、o、e がなければ、iu、ui のそれぞれ後ろに。
　　　niú 牛　　duì 対

$$a > o\ e > i\ u\ ü$$

③ i に付ける場合は、上の点を取る。
　　pí 皮　　　xǐ 洗

標点符号

標点符号	名　称	意　味
。	句号 jùhào	句点
，	逗号 dòuhào	読点
、	顿号 dùnhào	語句の並列
：	冒号 màohào	以下詳細
；	分号 fēnhào	文の並列
？	问号 wènhào	疑問符
！	感叹号 gǎntànhào	感嘆符
" " ' '	引号 yǐnhào	引用符
《　》	书名号 shūmínghào	書物の名前

＜中国語の表現＞

1．連動文

主語 （動詞） （目的語） （動詞） （目的語）
　　　　動詞（句）1　　　　動詞（句）2

(58)
我 去 商店 买 衣服。　　　Wǒ qù shāngdiàn mǎi yīfu.　　　　［买：買う］
　　動詞句1　　動詞句2

我妹妹坐电车去。　　　　　Wǒ mèimei zuò diànchē qù.　　　　［坐：乗る、座る］

明天你来图书馆看书吗？　　Míngtiān nǐ lái túshūguǎn kàn shū ma?

2．介詞（前置詞）"在"、"用"、"给"、"跟"、"从"

主語 介詞 名詞 動詞 （目的語）
　　　　介詞句　　　　動詞（句）

(59)
她 在 家里 看 电视。　　　Tā zài jiāli kàn diànshì.
　　　介詞句　　動詞句

田中用汉语写信。　　　　　Tiánzhōng yòng Hànyǔ xiě xìn.　　［写信：手紙を書く］

我给你打电话。　　　　　　Wǒ gěi nǐ dǎ diànhuà.

他跟张老师学上海话。　　　Tā gēn Zhāng lǎoshī xué Shànghǎihuà.

汉语课从九点开始。　　　　Hànyǔ kè cóng jiǔ diǎn kāishǐ.　　　［开始：始まる］

3．副詞"一起"、"一共"

主語 副詞 （動詞） 目的語

(60)
咱们 一起 吃 饭，好吗？　Zánmen yìqǐ chī fàn, hǎo ma?

这儿一共有三千二百块钱。　Zhèr yígòng yǒu sānqiān èrbǎi kuài qián.

［块：～元（通貨の単位）］

第10課　47

＜中国を知ろう－中国の世界遺産（２）－＞

自然遺産の「四川省のパンダ生息地」にある研究基地の紹介を読んでみよう。

成都大熊猫繁育研究基地简介

　　成都大熊猫繁育研究基地在成都市成华区，离市中心10公里，离双流国际机场约30公里。熊猫基地是世界著名的大熊猫保护基地，也是科学研究繁育基地和文化旅游基地，占地面积3.07平方公里。熊猫基地以保护和繁育大熊猫、小熊猫等中国特有濒危野生动物而闻名于世。这里山青水秀，鸟语花香，自然环境十分优美，被誉为"国宝的自然天堂，我们的世外桃源"。

　　30余年来，熊猫基地通过不断的努力，克服了大熊猫人工饲养的难题，建成了全球最大的大熊猫人工繁育基地，其数量达240多只。此外，小熊猫也有160余只。

　　多年来接待联合国、各国元首等政要、贵宾数十万人次，年最高游客量超1100万人次。

游客服务

　　入园时间：上午票07:30－12:00　下午票12:00－17:00
　　闭园时间：18:00
　　入园截止时间：17:00
　　票　　价：成人55元/人　中小学生27元/人
　　购票方式：线上实名预约。入园时需要携带本人有效身份证件原件。
　　　　　　提前7日可线上预订门票。请通过官方微信公众号预订门票。

（成都大熊猫繁育研究基地 http://www.panda.org.cn、一部改変、写真を除く）

（成都大熊猫繁育研究基地で撮影）

第11課　你喜欢做什么？：「中国人」の思考と行動

＜調べてみよう－中国人の趣味－＞

❶ 趣味や得意なことの解説やゲームの実況などをし、インターネットで公開する人のことを中国語で何と言う？

❷ 右の写真のように、広場や公園でダンスをすることを中国語で何と言う？

❸ 右の写真の人は、大きな筆を用い水で地面に字を書いています。このような書道を中国語で何と言う？

❹ 日本の将棋と中国の"象棋 xiàngqí"の違いは？

❺ "追星族 zhuīxīngzú"ってどんな人たちのこと？

❻ "斗蟋 dòuxī"ってどんな遊び？

◎ あなたの趣味の中国語表記と発音を調べてみよう。

＜発音しよう＞

声調の組み合わせ（1）

	第1声	第2声	第3声	第4声	軽　声
第1声	chūfā 出发 出発する	kāixué 开学 学校が始まる	shuā kǎ 刷卡 カードで支払う	gōngzuò 工作 仕事する	xiūxi 休息 休む
第2声	pá shān 爬山 山に登る	huídá 回答 答える	yóuyǒng 游泳 泳ぐ	chídào 迟到 遅刻する	chángchang 尝尝 味見してみる
第3声	mǎi shū 买书 本を買う	lǚyóu 旅游 旅行する	sǎo mǎ 扫码 符号を読み取る	pǎobù 跑步 ランニングする	xǐhuan 喜欢 好き
第4声	chàng gē 唱歌 歌を歌う	bàomíng 报名 申し込む	tiàowǔ 跳舞 ダンスをする	zuò cài 做菜 料理を作る	rènshi 认识 知っている

💬 中国語で聞いてみよう ― 趣味は何？ ―

你有什么爱好？
Nǐ yǒu shénme àihào?

――我的爱好是＿＿＿＿＿＿＿＿＿＿＿＿＿。
　　Wǒ de àihào shì

＜中国語の表現＞

1．副詞 "也"、"都"

主語 副詞 (動詞) 目的語

(63) 我有手机，她 也 有 手机。　Wǒ yǒu shǒujī, tā yě yǒu shǒujī.

他们学英语，也学汉语。　Tāmen xué Yīngyǔ, yě xué Hànyǔ.

他们都去中国吗？　Tāmen dōu qù Zhōngguó ma?

星期六、星期天都打工。　Xīngqīliù、xīngqītiān dōu dǎgōng.

[打工：アルバイトする]

2．動詞 "喜欢"

主語 喜欢 ((動詞)) 目的語
　　　　　"喜欢" の目的語

(64) 我姐姐 喜欢 (喝) 花茶。　Wǒ jiějie xǐhuan hē huāchá.　[花茶：ジャスミン茶]
　　　　　　"喜欢" の目的語

他喜欢成龙。　Tā xǐhuan Chénglóng.

他们不喜欢吃面条。　Tāmen bù xǐhuan chī miàntiáo.　[面条：麺（類）]

你喜欢做什么？　Nǐ xǐhuan zuò shénme?　[做：する]

3．動詞 "想"

主語1 想 (主語2 + (動詞)) 目的語
　　　　　　"想" の目的語

(65) 他们 一起想 办法。　Tāmen yìqǐ xiǎng bànfǎ.　[办法：方法]

我 想 那个人 (是) 中国人。　Wǒ xiǎng nàge rén shì Zhōngguórén.

4．二重主語文

主語1 主語2 　(動詞) ((目的語))
　　　　　"很" など (形容詞)
　　　　　主語1の述語

(66) 我 名字 (叫) 周树人。　Wǒ míngzi jiào Zhōu Shùrén.

她 学习 很 (认真)。　Tā xuéxí hěn rènzhēn.　[认真：真面目だ]

第11課　51

＜中国を知ろう－「中国人」の思考と行動－＞

一口に中国人と言っても人それぞれ。あなたの周りの中国人はどうでしょう。

中国人は世界中で食べ物について最も偏見のない国民である。胃と口が受け付ける物なら何でも食べる。俗に言われているように、二本足は人間以外、足が四本あるものは机と椅子以外、また空飛ぶものは飛行機以外、何でも食べないものはない。(中略)中国人は文化の先端を行く技術を早くから開発しており、あらゆる素材を考えられる限りの調理法でおいしく食べるテクニックを身につけている。中国人から見ると、ヨーロッパで最高にランクづけられているフランス料理でさえも、自分たちの亜流にすぎないのである。

(邱永漢著『中国人の思想構造』中央公論社〔現在は中央公論新社〕、1997年)

長男誕生後のこと。日本では、保健婦や医師が、「風邪をひきやすくするから、子供にあまり厚着をさせないように」と指導する。しかし、中国では、ある服をありったけ着せてしまう。それが愛情表現なのだ。自分の子供をどう育てようと自由だから、中国の子供がいくら着ぶくれていようとも、こちらから彼らに意見するつもりはない。だが、彼らのほうでは、我々を放っておいてはくれないのだ。行く先々で、見ず知らずの他人から呼びとめられる。「そこのあなた、赤ちゃんになんて薄着をさせてるの？綿入れくらい着せてあげなさいよ。」「まぁ、なんてかわいそうなのかしら。あれでは風邪をひいてしまうわ！」まるで、イソップ童話に登場する「ロバを運ぶ親子」になったような心境だった。

(田島英一著『「中国人」という生き方』集英社、2001年)

日本人がパチンコに励む。一生懸命に釘の位置とか角度を研究する。何度も店に通う。パチンコのプロというのはそれなりの風貌をしている。うらぶれていたりするが、どこか侵すべからざる風格をそなえている。修行のすえ身につけたものだ。麻雀のプロなどにも同じようなイメージを抱く。

ところが中国人は、まったく別の発想をする。どうすればパチンコで負けないか。「お店の人と仲良くなる」のだそうだ。そして、その人に釘の位置を変えてもらい、球が入りやすくしてもらう。あるいはよく出る台を教えてもらう。もちろん、儲けは半分ずつにしようともちかける。人間中心の発想をする。

(相原茂著『北京のスターバックスで怒られた話』現代書館、2004年)

後援会や公開のトーク番組などで、講師やゲストが司会者に呼ばれて登壇する。聴衆は拍手を送る。日本人であれば、ちょっと会釈して、人によっては拍手が鳴り止んだ時にお礼を言うこともあるだろう。アメリカ人ならニッコリ笑って軽く手を上げたりするだろう。また人によっては"Thank you!"ということもあるだろう。中国人は、そういう場面では聴衆に向かって自分も拍手をやり返すことが多い。国家元首や政府首脳といった人が、式典の際などに参列者の拍手や歓声に応え、自分も拍手を返すというのも、中国ではよく見る光景である。

(小野秀樹著『中国人のこころ 「ことば」からみる思考と感覚』集英社、2018年)

第12課　你会说汉语吗？：中国映画・ドラマ

＜調べてみよう－中国語の発想－＞

❶ 次の"～池"のうち、水が入っているのは？

A　盐池	B　花池	C　电池	D　乐池	E　舞池
yánchí	huāchí	diànchí	yuèchí	wǔchí

❷ 次の"～瓜"のうち、ウリ科の植物でないものは？

A　甜瓜	B　黄瓜	C　南瓜	D　丝瓜	E　地瓜
tiánguā	huángguā	nánguā	sīguā	dìguā

❸ "土豆 tǔdòu"は、中国大陸と台湾では違うものを指します。それぞれ何を指す？

❹ 次の"～鱼"のうち、魚類は？

A　鲸鱼	B　墨鱼	C　木鱼	D　章鱼	E　带鱼
jīngyú	mòyú	mùyú	zhāngyú	dàiyú

❺ 次の果実のうち、果物コーナーに置いてないのは？

A　苹果	B　香蕉	C　猕猴桃	D　西红柿	E　芒果
píngguǒ	xiāngjiāo	míhóutáo	xīhóngshì	mángguǒ

❻ 次のスポーツのうち、スティックを用いる競技は？

A　棒球	B　排球	C　手球	D　台球	E　网球
bàngqiú	páiqiú	shǒuqiú	táiqiú	wǎngqiú

◎ あなたの好きな食べ物の中国語表記と発音を調べてみよう。

第12課　53

＜発音しよう＞

声調の組み合わせ（2）

	第1声	第2声	第3声	第4声	軽声
第1声	shūbāo 书包 カバン	huāchá 花茶 ジャスミン茶	qiānbǐ 铅笔 鉛筆	chāoshì 超市 スーパー	xuésheng 学生 学生
第2声	xióngmāo 熊猫 パンダ	shítáng 食堂 食堂	cídiǎn 词典 辞書	zázhì 杂志 雑誌	bízi 鼻子 鼻
第3声	shǒujī 手机 携帯電話	shuǐhú 水壶 水筒	yǔsǎn 雨伞 雨傘	yǎnjìng 眼镜 メガネ	ěrduo 耳朵 耳
第4声	diànchē 电车 電車	miàntiáo 面条 麺（類）	diànnǎo 电脑 パソコン	jiàoshì 教室 教室	dùzi 肚子 腹

中国語で聞いてみよう―行ってみたい国は？―

（21頁参照）

你想去中国吗？
Nǐ xiǎng qù Zhōngguó ma?

―――

你想去哪个国家？
Nǐ xiǎng qù nǎge guójiā?

―――

＜中国語の表現＞

1．助動詞

肯定文： 主語 　　助動詞 動詞 (目的語)。
否定文： 主語 　不 　助動詞 　動詞 　(目的語)。
疑問文： 主語 　　助動詞 　動詞 　(目的語) 吗？

（1）願望・意志を表す"想""要"

69

我 想 学 汉语。	Wǒ xiǎng xué Hànyǔ.
他们想买什么？	Tāmen xiǎng mǎi shénme?
你要去买手机吗？	Nǐ yào qù mǎi shǒujī ma?
我不想去。	Wǒ bù xiǎng qù.

（2）可能を表す"会""能""可以"

70

他们 都 会 说 汉语。	Tāmen dōu huì shuō Hànyǔ.
我不会做中国菜。	Wǒ bú huì zuò Zhōngguó cài.
你现在能打电话吗？	Nǐ xiànzài néng dǎ diànhuà ma?
不能。我下午能打。	Bù néng. Wǒ xiàwǔ néng dǎ.
我可以在这儿看书吗？	Wǒ kěyǐ zài zhèr kàn shū ma?

2．反復疑問文

主語 動詞 　不／没 　動詞 (目的語)？
主語 形容詞 不 　　　形容詞？
主語 助動詞 不 　　　助動詞 動詞 (目的語)？

71

他 是 不 是 日本人？	Tā shì bu shì Rìběnrén?
你们 最近 忙 不 忙？	Nǐmen zuìjìn máng bu máng?
他们 会 不 会 说 汉语？	Tāmen huì bu huì shuō Hànyǔ?
你明天去不去打工？	Nǐ míngtiān qù bu qù dǎgōng?
你有没有兄弟姐妹？	Nǐ yǒu méiyǒu xiōngdì jiěmèi?

第 12 課　55

＜中国を知ろうー中国映画・ドラマー＞

　中国の映画やドラマは、潤沢な資本を背景に、今や華流として注目されています。作品を通して中国の社会をのぞいてみませんか。

「紅いコーリャン（紅高粱）」1987年、巩俐・姜文主演映画：生活苦のためロバ一頭と引き換えに、年の離れたハンセン病患者の男に嫁いだ九児。やがて夫が亡くなり造り酒屋を継いだ九児は、お互いにひかれあっていた男と再婚、子供もでき、幸せな日々を送っていた。しかし、日本軍がやってきたことで生活は一変する…。
　監督は夏季・冬季北京オリンピックで総監督を務めた張芸謀。張芸謀は、この作品でベルリン国際映画祭金熊賞を受賞し、その後も「紅夢」「活きる」「初恋の来た道」などの作品で数多くの賞を受賞しています。また、原作の作者はノーベル賞作家の莫言という点においても、中国を代表する映画の一つ。

「薬の神じゃない！（我不是药神）」2018年、徐峥主演映画：さえない薬店の店主・程勇は、ある白血病患者から国内で承認されていないが安価で成分が同じインドの薬を購入してほしいと依頼される。躊躇しながらも金に目がくらんだ程勇は薬の密輸・販売に成功するが…。
　2014年に中国で実際に起きたニセ薬事件を元に制作され、中国では爆発的なヒットとなりました。

「永遠の桃花（三生三世十里桃花）」2017年、楊冪・趙又廷主演ドラマ：九尾狐族の子孫の娘・白浅は、男装して身分を偽り司音と名乗り、武神・墨淵の弟子として修業を始める。天族と翼族の戦いにより墨淵は犠牲となり、司音も人間界に落ちる。記憶を失った司音は墨淵にそっくりの夜華と出会い、やがて愛しあうようになるが…。
　視聴回数500億回超えとも言われる幻想ラブロマンス。古典的な衣装をまとい、妖術を使ったり空を飛んだりというエンタメ性に加え、同性愛やジェンダー的観点から見ても興味深い作品。

「シンデレラはオンライン中（微微一笑很傾城）」2016年、楊洋・鄭爽主演ドラマ：頭も良く美人な微微は、オンラインゲームが得意で、あるゲームの中で奈何とペアを組み好成績を上げる。その奈何と現実の世界で会うことになったが、その人は女子学生の憧れの的で、学園の「王子様」だった。「王子様」はその後若手経営者としてゲーム会社を立ち上げる。
　ツンデレ男子が登場するラブコメディですが、オンラインと現実の二重世界や商品としてのゲーム製作の様子なども描かれた青春ドラマ。

第13課　请再说一遍。：中国人の古典的宗教観

＜考えてみよう－字謎（文字のなぞなぞ）－＞

1．例：早上（朝）→ 日
❶ 国内（国内）　　　　　　　　　　　❷ 圈里（輪の中）

❸ 周末（週末）

2．例：一加一（一＋一）→ 王
❹ 一减一（一－一）　　　　　　　　　❺ 一乘一（一×一）

❻ 十三点（十と三つの点）　　　　　　❼ 半朋半友
　　　　　　　　　　　　　　　　　　　（半分の朋、半分の友）

❽ 江水流（江の水が流れる）　　　　　❾ 六十天（六十日間）

❿ 一户一斤　　　　　　　　　　　　　⓫ 上下一致（上下合わさる）
　（一つの戸、一つの斤）

⓬ 一字加两点
　（"一字"に二つの点を加える）

3．例：洞中有洞（穴の中に穴）→ 回
⓭ 走了一口还有一人　走了一人还有一口（一つの口がなく
　なっても一人残り、一人いなくなっても一つの口が残る）

⓮ 三人同日见　百花其争艳
　（三人が同日に顔を合わせ、百花はその艶やかさを争う）

⓯ 两个动物并排站　一个游泳　一个吃草。
　（二つの動物が並び立っている、一つは泳ぎ、一つは草を食べる）

（申江編著《谜语大全》大众文艺出版社、1997 年を参考とした）

第 13 課　57

＜発音しよう＞

唐詩を読もう（1）

（72）

春　晓
chūn xiǎo

春暁（しゅんぎょう）

孟　　浩然
Mèng Hàorán

孟浩然（もうこうねん）

春　眠　不　觉　晓
chūn mián bù jué xiǎo

春眠　暁（あかつき）を覚えず

处　处　闻　啼　鸟
chù chù wén tí niǎo

処々啼鳥（しょしょていちょう）を聞く

夜　来　风　雨　声
yè lái fēng yǔ shēng

夜来　風雨の声

花　落　知　多　少
huā luò zhī duō shǎo

花落つること知る多少ぞ

漢詩のルール（例外も多い）

① 五言または七言の各句は起・承・転・結の構成となる。

② 起承結の句の最後の字は響きが同じ「押韻」。中国語で読むと、転の句の最後の字の響きが異なることが分かる。

57頁〈字謎（文字のなぞなぞ）〉の答え

1. ❶玉　❷巻　❸口

2. ❹三　❺二　❻汁　❼有　❽工　❾朋　❿所　⓫卡　⓬学

3. ⓭囚　⓮春　⓯鮮

＜中国語の表現＞

1．時間量や回数を表す語句

主語 （連用修飾語） 動詞 時間量や回数を表す語句（ 目的語 ）。

(73) 我 每天 看 一个小时 电视 。　Wǒ měitiān kàn yí ge xiǎoshí diànshì. [个小时：〜時間]

请等一下。　　　　　　　　　Qǐng děng yíxià.　　　　　　　[一下：しばらく]

他一个月去**两次**大阪。　　　　Tā yí ge yuè qù liǎng cì Dàbǎn.　[次：〜回（回数）]

请再说**一遍**。　　　　　　　　Qǐng zài shuō yí biàn.　　　　[遍：〜回（回数）]

2．語気助詞 "吧"

(74) 你不喜欢做菜吧？　　　　　　Nǐ bù xǐhuan zuò cài ba?　　　　推量

你给老师打电话吧！　　　　　Nǐ gěi lǎoshī dǎ diànhuà ba!　　命令

咱们一起想办法吧！　　　　　Zánmen yìqǐ xiǎng bànfǎ ba!　　勧誘

3．選択疑問文

X句　还是　Y句　？

X句とY句に含まれる成分xとyのいずれであるかを問う。X句とY句内の重複する語は、主要動詞を除き省略することができる。

(75) 你喝绿茶还是喝乌龙茶？　　　Nǐ hē lǜchá háishi hē wūlóngchá?

你明天去打工还是后天去？　　Nǐ míngtiān qù dǎgōng háishi hòutiān qù?

小王去还是小周去？　　　　　Xiǎo Wáng qù háishi Xiǎo Zhōu qù?

4．連体修飾語をつなげる "的"（2）

(76) 他是很认真的学生。　　　　　Tā shì hěn rènzhēn de xuésheng.

这是我爸爸做的菜。　　　　　Zhè shì wǒ bàba zuò de cài.

我想买的书很多。　　　　　　Wǒ xiǎng mǎi de shū hěn duō.

第13課　59

＜中国を知ろう－古典的宗教観－＞

　古代から続く宗教観は中国で行われるオリンピック等のセレモニーや現代中国のドラマなどにも生きています。これらをより深く味わうためにも中国の宗教観を知っておきましょう。

儒教：原始の儒は雨乞いで、祈祷を行うシャーマンとされています。これが孔子によって礼を学び、仁を完成する教えとなりました。儒教の宗教性を表す概念として「孝」があります。これは生命の連続に対する尊重のことで、自分を生んだ親を尊敬し、安心して暮らしてもらい、亡くなった祖先を供養する等のことです。親からもらった身体を傷つけないことも孝の範囲に入ります。現代日本でピアスや入れ墨や整形手術など、身体の改造について議論になるのは、儒教の孝の影響も考えられます。

　「身体髪膚はこれを父母に受く、あえて毀傷せざるは孝の始なり。身を立て道を行い、名を後世に揚げ、以て父母を顕すは孝の終なり」

（『孝経』開宗明義章、一部漢字を仮名にした）

　孝は年長者に従うことと単純化されることもありますが、育ててくれた父母のために社会で活躍して名を残すことも孝ですから、狭い家庭倫理だけを指すのではありません。

道教：道教は古代の民間信仰に神仙説・道家の思想・易・医学等が加わり、仏教に習って組織化された宗教です。基本的な信仰は自然の根本原理「道」と一体化して長寿を願います。道教には道観という寺院があり、道士という修行者が現在もいます。道教では多くの神々（神仙）が崇拝されています。例えば、三国時代の武将関羽を神格化した関帝は現在では財神とされます。ほかにも出産・結婚などの女神、航海・漁業の神などがいます。日本の風習も「端午の節句」の鍾馗、「てるてる坊主」（掃晴娘）、「七夕」（宮中の裁縫上達祈願から発展）、「庚申」（庚申の日に人の体内の虫が天に悪行を告げにいくので寝ないで防ぐ）なども道教起源と言われています。

中国仏教：インドで起こった輪廻の思想は本来、苦の原因でした。何度もこの世界に生まれかわることは苦しいので、輪廻から解脱をするために悟りを開くのです。前漢から後漢にかけて、中国に仏教が伝わると輪廻の思想は儒教の影響をうけて変質します。基本的に儒教や道教には「この世は楽しい所だ」という前提があります。この前提から考えると中国人にとって仏教の輪廻の考えは「またこの世に戻ってこられる」ことになります。日本のお盆などの行事、日本人のお墓や位牌に対する考え方は儒教の影響を受けた中国仏教に基づいていると指摘されています。

参考文献：加地伸行著『儒教とは何か 増補版』中公新書、2015年　加地伸行著『孝経 全訳注』講談社学術文庫、2007年　橘樸著「中国を識るの途」（『中国研究橘樸著作集 第一巻』勁草書房、1966年所収）　窪徳忠著『道教の神々』講談社学術文庫、1996年　坂出祥伸著『道教とは何か』ちくま学芸文庫、2017年

第14課　更上一层楼！：中国人の縁起担ぎ

＜調べてみよう－中国旅行の豆知識－＞

❶ 中国で荷物検査をして乗るのは？

A 飞机　　　　B 巴士（公交车）　　　C 出租车　　　D 地铁　　　E 火车
　fēijī　　　　　bāshì (gōngjiāochē)　　chūzūchē　　　dìtiě　　　huǒchē

❷ タクシーやバスの運転士は中国語で"司机 sījī"と言うが、呼びかけるときは何と言う？

❸ 次のうち宿泊ができるのは？

A 宾馆　　　　B 饭店　　　　C 饭馆　　　　D 酒店　　　　E 酒馆
　bīnguǎn　　　fàndiàn　　　fànguǎn　　　jiǔdiàn　　　jiǔguǎn

❹ 中国のホテルに宿泊する際に必要なものは？

A 小费　　　　B 信用卡　　　　C 身份证（护照）　　　　D 签证
　xiǎofèi　　　xìnyòngkǎ　　　shēnfènzhèng (hùzhào)　　qiānzhèng

❺ 次の中国でよく見かける"便利店 biànlìdiàn"（コンビニ）のうち日本にもあるのは？

A 易捷　　　　B 罗森　　　　C 美宜佳　　　　D 昆仑好客　　　　E 全家
　Yìjié　　　　Luósēn　　　　Měiyíjiā　　　　Kūnlúnhàokè　　　　Quánjiā

❻ レストランなどの店員は中国語で"服务员 fúwùyuán"と言うが、呼びかけるときは何と言う？

第14課　61

＜発音しよう＞

唐詩を読もう（2）

(77)

登　鸛雀楼　　　　　　　　鸛鵲楼に登る
dēng guànquèlóu

　　　王　　之渙　　　　　　王之渙
　　　Wáng Zhīhuàn

白 日 依 山 尽　　　　　　白日　山に依りて尽き
bái rì yī shān jìn

黄　　河 入 海 流　　　　　黄河　海に入りて流る
Huáng hé rù hǎi liú

欲　穷　千　里 目　　　　　千里の目を極めんと欲して
yù qióng qiān lǐ mù

更　　上　一　层　楼　　　　更に上る　一層の楼
gèng shàng yì céng lóu

💬 中国語で聞いてみよう―朝ご飯は何を食べた？―

(78)

今天早饭你吃什么了？
Jīntiān zǎofàn nǐ chī shénme le?

____

＜中国語の表現＞

1．語気助詞"了"：事態の変化や変化に気が付いたことを表す

(79)

我饿了。　　　　　　　　　　　Wǒ è le.

现在十二点了。　　　　　　　　Xiànzài shí'èr diǎn le.

她已经回家了。　　　　　　　　Tā yǐjīng huí jiā le.　　　　　　　　［已经：すでに］

小王不来这儿了。　　　　　　　Xiǎo Wáng bù lái zhèr le.

2．アスペクト助詞"了"：動作の完了や実現を表す

肯定文：主語 （連用修飾語）　　　動詞 了　連体修飾語　目的語 。

否定文：主語 （連用修飾語） 没　動詞　 （連体修飾語） 目的語 。

(80)

我 昨天 买 了 两本 书 。　　　　Wǒ zuótiān mǎile liǎng běn shū.

我已经看了今天的报。　　　　　Wǒ yǐjīng kànle jīntiān de bào.　　　　［报：新聞］

你在咖啡馆喝了什么茶？　　　　Nǐ zài kāfēiguǎn hēle shénme chá?

——我没喝茶，喝了一杯拿铁。　Wǒ méi hē chá, hēle yì bēi nátiě.

3．アスペクト助詞"着"：動作の結果、状態の持続を表す

肯定文：主語 （連用修飾語）　　　動詞 着 （目的語）。

否定文：主語 （連用修飾語） 没　動詞 （着）（目的語）。

(81)

他们 现在 玩儿 着 游戏 。　　　Tāmen xiànzài wánrzhe yóuxì.　　　　［游戏：ゲーム］

窗户开着。　　　　　　　　　　Chuānghu kāizhe.　　　　　　　［窗户：窓　开：開く］

我没在床上躺着。　　　　　　　Wǒ méi zài chuángshang tǎngzhe.　　　［躺：横になる］

小林总是听着音乐洗衣服。　　　Xiǎolín zǒngshì tīngzhe yīnyuè xǐ yīfu.

［总是：いつも　听：聞く　音乐：音楽］

＜中国を知ろう－言葉と風習－＞

　人々の暮らしの中には、ことばと深く関わったり、ことばによって規定されたりする風習や習慣があります。中国のことばに関わる風習について紹介します。

逆さまに貼ってある"福"：「逆さまの福」は"倒福 dào fú"。"倒"は"到 dào"と同じ発音であり、「到る福」＝幸せがやってくることに通じることから、わざと"福"の字を逆さまに貼ります。

コウモリを飾る：コウモリは"蝙蝠 biānfú"。"蝠"が"福 fú"と同じ発音であり、"蝙"も"变 biàn"に近いことから、「福に変わる」として縁起の良い動物と見なされています。なお、日本では「福来朗」「福老」「不苦労」などの字を当てることができることから、フクロウが縁起物とされますが、中国では言い伝えなどから不吉なイメージがあります。

時計を送ってはいけない：置き時計や掛け時計、目覚まし時計は中国語で"钟 zhōng"。これらの時計をプレゼントすることは"送钟 sòng zhōng"と表現しますが、これは"送终 sòngzhōng"（親の死をみとる）と同じ発音になり、縁起が悪いとされます。ほかにも、"伞 sǎn"（傘）が"散 sǎn/sàn"（ばらばらである／散らばる）に、"鞋 xié"（靴）が"邪 xié"（災禍）に通じ、気にする人もいます。プレゼントする場合には注意が必要です。

梨は丸のまま食べる？：梨は中国語で"梨 lí"、この音は"离 lí"、つまり「別れる」の音と同じです。そのため、梨を食べないという人すらいますが、梨を食べる人でも、切り分けることには抵抗のある人が少なくありません。なぜなら、「梨を切り分ける」"分梨 fēn lí"が"分离 fēnlí"（別離）に通じるからです。

慶事は赤：赤は、五行説において夏や南に対応するエネルギッシュな色で、慶事には赤色を基調に飾りつけを行うのが中国の習慣です。結婚に代表される慶事は"红事 hóngshì"とも言い、新婦の衣装も、伝統的には赤色です（現代では西洋風の白いドレスを着る人が少なくありません）。祝儀袋も"红包 hóngbāo"と言います。結婚のほか、開店や春節にも、爆竹を鳴らし（都市部で制限あり）祝いますが、これも赤色の紙で巻かれています。

弔事は白：中国語の"白"は「むだに、むなしく」のような意味を持つほか、反革命の象徴としても用いられます。また"红事 hóngshì"に対し、"白事 báishì"は葬式を指します。伝統的には親族は麻の白い衣装で見送りましたが、近年黒い服を着用する人や黒い腕章をつけることが多くなってきました。

日本語から引く語句索引

各課の新出語句が 50 音順に並んでいます。数字は頁を表します。

あ

愛する	爱	ài	26
会う	见	jiàn	15
朝	早上	zǎoshang	15
朝ご飯	早饭	zǎofàn	62
あさって	后天	hòutiān	43
味	味	wèi	26
	味道	wèidao	31
味見する	尝	cháng	50
明日	明天	míngtiān	43
あそこ	那儿	nàr	43
	那里	nàli	43
遊ぶ	玩儿	wánr	63
熱い	热	rè	29
暑い	热	rè	29
あなた	你	nǐ	15
あなた（二人称・敬称）			
	您	nín	19
あなたたち	你们	nǐmen	19
兄	哥哥	gēge	19
姉	姐姐	jiějie	19
甘い	甜	tián	31
雨傘	雨伞	yǔsǎn	30
アメリカ	美国	Měiguó	42
アメリカ人	美国人	Měiguórén	23
洗う	洗	xǐ	46
ありがとう	谢谢	xièxie	10
（場所に）ある	在	zài	43
ある（存在）	有	yǒu	26
アルバイトする			
	打工	dǎgōng	51
あれ	那	nà	23
	那个	nàge/nèige	23
あれら	那些	nàxiē/nèixiē	23
合わせて	一共	yígòng	47

い

言う	说	shuō	59
家	家	jiā	43
行く	去	qù	27
いくつ	几	jǐ	35

	多少	duōshao	39
（値段が）いくら			
	多少钱	duōshao qián	39
いす	椅子	yǐzi	39
いずれも	都	dōu	51
忙しい	忙	máng	55
1	一	yī	14
一切	一切	yíqiè	34
一緒に	一起	yìqǐ	47
一致する	一致	yízhì	34
一般	一般	yìbān	34
いつも	总是	zǒngshì	63
井戸	井	jǐng	26
犬	狗	gǒu	39
妹	妹妹	mèimei	19
（場所に）いる	在	zài	43
いる（存在）	有	yǒu	43
引用符	引号	yǐnhào	46

う

ウーロン茶	乌龙茶	wūlóngchá	31
上	上	shàng	43
飢える	饿	è	14
牛	牛	niú	46
歌	歌	gē	18
歌う	唱	chàng	50
美しい	漂亮	piàoliang	29
うり	瓜	guā	26

え

映画	电影儿	diànyǐngr	30
英語	英语	Yīngyǔ	51
鉛筆	铅笔	qiānbǐ	54

お

（食べ物が）おいしい			
	好吃	hǎochī	29
（飲み物が）おいしい			
	好喝	hǎohē	29
王	王	wáng	26
王（姓）	王	Wáng	15

語句索引　65

多い	多	duō	26
大きい	大	dà	10
大阪	大阪	Dàbǎn	59
おきな	翁	wēng	26
夫	丈夫	zhàngfu	19
弟	弟弟	dìdi	19
おととい	前天	qiántiān	43
おととし	前年	qiánnián	43
お名前	贵姓	guìxìng	31
おなら	屁	pì	18
おばさん	阿姨	āyí	15
おはよう	早上好	zǎoshang hǎo	15
おもしろい	好玩儿	hǎowánr	29
泳ぐ	游泳	yóuyǒng	50
音楽	音乐	yīnyuè	63

か

科	科	kē	18
～か（文末に付け疑問を表す）			
	吗	ma	23
カードで支払う			
	刷卡	shuā kǎ	50
（動作の回数を表す）～回			
	次	cì	59
	遍	biàn	59
買う	买	mǎi	47
帰る	回	huí	63
書く	写	xiě	47
学習	学习	xuéxí	51
学生	学生	xuésheng	39
～か月間	个月	ge yuè	59
（電話を）かける			
	打	dǎ	47
傘	伞	sǎn	26
～月（がつ）	月	yuè	26
学校	学校	xuéxiào	43
学校が始まる	开学	kāixué	50
必ず	必	bì	18
金	钱	qián	47
彼女（三人称）	她	tā	19
彼女たち	她们	tāmen	19
カバン	书包	shūbāo	54
かまいません	没关系	méi guānxi	15
火曜日	星期二	xīngqī'èr	15
～から	从	cóng	47

彼（三人称）	他	tā	19
彼ら	他们	tāmen	19
皮	皮	pí	46
考える	想	xiǎng	51
関係	关系	guānxi	15
韓国語	韩语	Hányǔ	27
感謝する	谢	xiè	26
感嘆符	感叹号	gǎntànhào	46

き

聞く	听	tīng	63
北	北	běi	26
喫茶店	咖啡馆	kāfēiguǎn	63
昨日	昨天	zuótiān	43
岐阜	岐阜	Qífù	43
気持ちが良い	舒服	shūfu	29
疑問符	问号	wènhào	46
（椅子の数を言う時に用いる）～脚			
	把	bǎ	39
9	九	jiǔ	34
今日	今天	jīntiān	43
教師	教师	jiàoshī	23
教室	教室	jiàoshì	54
兄弟	兄弟	xiōngdì	55
共通語	普通话	pǔtōnghuà	9
餃子	饺子	jiǎozi	31
去年	去年	qùnián	43
（見た目が）きれいである			
	好看	hǎokàn	29
（音が）きれいである			
	好听	hǎotīng	29
金曜日	星期五	xīngqīwǔ	35

く

靴	鞋	xié	39
句点	句号	jùhào	46
国	国家	guójiā	54
（対になっているものの数を言う時に用いる）～組			
	双	shuāng	39
来る	来	lái	27
車	汽车	qìchē	39

け

携帯電話	手机	shǒujī	31
ゲーム	游戏	yóuxì	63

月曜日	星期一	xīngqīyī	35
～元（通貨の単位）			
	元	yuán	26
	块	kuài	47
現在	现在	xiànzài	35

こ

（広く人やものの数を言う時に用いる）～個			
	个	ge	39
5	五	wǔ	14
コーヒー	咖啡	kāfēi	27
ここ	这儿	zhèr	43
	这里	zhèli	43
午後	下午	xiàwǔ	43
午前	上午	shàngwǔ	43
答える	回答	huídá	50
事柄	事	shì	39
今年	今年	jīnnián	43
ごめんなさい	对不起	duìbuqǐ	15
これ	这	zhè	23
	这个	zhège/zhèige	23
これら	这些	zhèxiē/zhèixiē	23
コロン（以下詳細を示すことを表す）			
	冒号	màohào	46
こんにちは	你好	nǐ hǎo	10
こんばんは	晚上好	wǎnshang hǎo	15
コンマ	逗号	dòuhào	46

さ

最近	最近	zuìjìn	55
魚	鱼	yú	14
酒	酒	jiǔ	30
（冊子類の数を言う時に用いる）～冊			
	本	běn	39
雑誌	杂志	zázhì	39
寒い	冷	lěng	29
さようなら	再见	zàijiàn	15
さ来年	后年	hòunián	43
3	三	sān	34
～さん（若い人への敬称）			
	小	xiǎo	15
～さん（年配者への敬称）			
	老	lǎo	15

し

～時	点	diǎn	35
～時間	个小时	ge xiǎoshí	59
仕事する	工作	gōngzuò	50
辞書	词典	cídiǎn	54
～したい	想	xiǎng	55
	要	yào	55
知っている	认识	rènshi	50
（動詞の後ろに付けて動作の結果、状態の持続を表す）			
～している	着	zhe	63
自転車	自行车	zìxíngchē	39
しばらく	一会儿	yíhuìr	30
	一下	yíxià	59
姉妹	姐妹	jiěmèi	55
～しましょう（勧誘）			
	吧	ba	59
閉める	关	guān	26
ジャスミン茶	花茶	huāchá	51
ジャッキー・チェン（人名）			
	成龙	Chénglóng	51
上海語	上海话	Shànghǎihuà	47
周（姓）	周	Zhōu	59
10	十	shí	34
周樹人（人名）	周树人	Zhōu Shùrén	51
授業	课	kè	47
15分間	刻	kè	35
出発する	出发	chūfā	50
趣味	爱好	àihào	50
順調である	顺利	shùnlì	29
正午	中午	zhōngwǔ	43
商店	商店	shāngdiàn	47
食事	饭	fàn	47
食堂	食堂	shítáng	54
書物の名前を表す記号			
	书名号	shūmínghào	46
知る	知	zhī	18
新聞	报	bào	63

す

図	图	tú	18
スイカ	西瓜	xīguā	31
水筒	水壶	shuǐhú	54
水曜日	星期三	xīngqīsān	35
スーパーマーケット			
	超市	chāoshì	54

語句索引　67

好き	喜欢	xǐhuan	50
少し	一点儿	yìdiǎnr	30
すでに	已经	yǐjīng	63
ズボン	裤子	kùzi	39
住む	住	zhù	22
（動作を）する	做	zuò	51
～するつもりだ			
	要	yào	55
座る	坐	zuò	47

せ

姓	姓	xìng	31
西安（地名）	西安	Xī'ān	42
清潔である	干净	gānjìng	29
セミコロン（文の並列を表す）			
	分号	fēnhào	46
0	零	líng	34
千	千	qiān	34
先生	老师	lǎoshī	15

そ

（対になっているものの数を言う時に用いる）～足			
	双	shuāng	39
属する	属	shǔ	22
そこ	那儿	nàr	43
	那里	nàli	43
祖父（父方）	爷爷	yéye	19
祖父（母方）	老爷	lǎoye	19
	外公	wàigōng	19
祖母（父方）	奶奶	nǎinai	19
祖母（母方）	姥姥	lǎolao	19
	外婆	wàipó	19
それ（指示代名詞）			
	那	nà	23
	那个	nàge/nèige	23
それ（三人称）	它	tā	19
それとも	还是	háishi	59
それら（指示代名詞）			
	那些	nàxiē/nèixiē	23
それら（三人称）			
	它们	tāmen	19
孫（姓）	孙	Sūn	15

た

（文末に付けて事態の変化や変化に気が付いたことを

表す）～た	了	le	63
（動詞の後ろに付けて動作の完了や実現を表す）～た			
	了	le	63
第～	第	dì	34
（車両類の数を言う時に用いる）～台			
	辆	liàng	39
大学生	大学生	dàxuéshēng	23
対偶	对偶	duì'ǒu	42
大丈夫です	没关系	méi guānxi	15
対する	对	duì	46
（高さが）高い	高	gāo	29
（値段が）高い	贵	guì	29
互いに	互	hù	18
ただ一つ	独	dú	18
建物	楼	lóu	46
食べる	吃	chī	18
誕生日	生日	shēngrì	35
ダンスをする	跳舞	tiàowǔ	50

ち

チケット	票	piào	26
遅刻する	迟到	chídào	50
地図	地图	dìtú	39
父	父	fù	18
	爸爸	bàba	19
茶	茶	chá	39
中国	中国	Zhōngguó	51
中国語	汉语	Hànyǔ	9
中国人	中国人	Zhōngguórén	23
張（姓）	张	Zhāng	15

つ

（広くものの数を言う時に用いる）～つ			
	个	ge	39
（コトや事件の数を言う時に用いる）～つ			
	件	jiàn	39
次の	下	xià	15
机	桌子	zhuōzi	43
（包む動作をして）作る			
	包	bāo	31
作る	做	zuò	50
妻	妻子	qīzi	19

て

～で（場所）	在	zài	47

～で（道具）	用	yòng	47
テーブル	桌子	zhuōzi	43
手紙	信	xìn	47
（会得して）～できる			
	会	huì	55
（許可されて）～できる			
	可以	kěyǐ	55
（条件や能力があって）～できる			
	能	néng	55
～でしょう（推量）			
	吧	ba	59
～です	是	shì	22
テレビ	电视	diànshì	43
電車	电车	diànchē	47
電話	电话	diànhuà	47

と

～と	跟	gēn	47
（動作の回数を表す）～度			
	次	cì	59
（姓は）～と言う			
	姓	xìng	31
（名前は）～と言う			
	叫	jiào	31
どういたしまして			
	不谢	bú xiè	15
等級	等	děng	34
どうぞ～	请	qǐng	59
どうですか	怎么样	zěnmeyàng	31
読点（節の切れ目を表す）			
	逗号	dòuhào	46
読点（語句の並列を表す）			
	顿号	dùnhào	46
貴い	贵	guì	31
どこ	哪儿	nǎr	43
	哪里	nǎli	43
図書館	图书馆	túshūguǎn	43
～年	年	nián	34
年寄りである	老	lǎo	46
とても	很	hěn	31
友達	朋	péng	26
土曜日	星期六	xīngqīliù	35
どれ	哪	nǎ	23
	哪个	nǎge/něige	23
どれ（複数）	哪些	nǎxiē/něixiē	23

～と思う	想	xiǎng	51

な

ない	没（有）	méi (yǒu)	15
～ない（動詞や形容詞の前に付け否定を表す）			
	不	bù	15
中	中	zhōng	10
	里	lǐ	43
7	七	qī	18
何（疑問詞）	什么	shénme	27
名前	名字	míngzi	31
何曜日	星期几	xīngqī jǐ	35

に

2	二	èr	14
～に	给	gěi	47
苦い	苦	kǔ	31
苦瓜（にがうり）			
	苦瓜	kǔguā	31
～日（にち）	日	rì	10
	号	hào	34
～日間	天	tiān	34
～日目	第～天	dì~tiān	34
日曜日	星期天	xīngqītiān	35
	星期日	xīngqīrì	35
日本人	日本人	Rìběnrén	23
鶏	鸡	jī	18
～人	个	ge	39

ね

猫	猫	māo	39

の

～の	的	de	19
除く	除	chú	22
飲む	喝	hē	27
乗る	坐	zuò	47

は

歯	牙	yá	26
（コップなどに入っているものの量を言う時に用いる）			
～杯	杯	bēi	39
入る	入	rù	22
始まる	开始	kāishǐ	47
パソコン	电脑	diànnǎo	54

8	八	bā	34
花	花儿	huār	30
鼻	鼻子	bízi	54
話す	说	shuō	55
母	妈妈	māma	19
速い	快	kuài	26
腹	肚子	dùzi	54
張る	张	zhāng	26
～半	半	bàn	35
晩	晚上	wǎnshang	15
パンダ	熊猫	xióngmāo	54

ひ

（動物の数を言う時に用いる）～匹			
	只	zhī	39
（細長い動物の数を言う時に用いる）～匹			
	条	tiáo	39
（背が）低い	矮	ǎi	29
羊	羊	yáng	26
人	人	rén	26
ひもじい	饿	è	14
百	百	bǎi	30
開く	开	kāi	63

ふ

服	衣服	yīfu	47
符号を読み取る			
	扫码	sǎo mǎ	50
再び	再	zài	15
二つ	两	liǎng	34
太っている	胖	pàng	29
踏む	踏	tà	10
フランス語	法语	Fǎyǔ	30
～分	分	fēn	35

へ

隔たりがある	差	chà	35
ベッド	床	chuáng	63
蛇	蛇	shé	39
（動作の回数を表す）～遍			
	遍	biàn	59

ほ

方法	办法	bànfǎ	51
本	书	shū	39

（取っ手のあるものの数を言う時に用いる）～本			
	把	bǎ	39

ま

（細長いものの数を言う時に用いる）～枚			
	条	tiáo	39
（平たいものや平面を持つものなどの数を言う時に用いる）～枚	张	zhāng	39
（上半身に着るものの数を言う時に用いる）～枚			
	件	jiàn	39
毎日	每天	měitiān	59
孫	孙	sūn	26
真面目だ	认真	rènzhēn	29
待つ	等	děng	59
窓	窗户	chuānghu	63
学ぶ	学	xué	27
豆	豆	dòu	26
万	万	wàn	34

み

耳	耳朵	ěrduo	54
見る	看	kàn	47
みんな	都	dōu	51

む

息子	儿子	érzi	19
娘	女儿	nǚ'ér	19
群れ	群	qún	26

め

目	眼睛	yǎnjing	39
メガネ	眼镜	yǎnjìng	54
麺（類）	面条	miàntiáo	51
面倒である	麻烦	máfan	29

も

申し込む	报名	bàomíng	50
木曜日	星期四	xīngqīsì	35
用いる	用	yòng	26
持っている（所有）			
	有	yǒu	43
～もまた	也	yě	51

や

安い	便宜	piányi	29

休む	休息	xiūxi	50
痩せている	瘦	shòu	29
山に登る	爬山	pá shān	50

よ

良い	好	hǎo	15
横になる	躺	tǎng	63
汚れている	脏	zāng	29
読む	看	kàn	47
夜	晚上	wǎnshang	15
4	四	sì	34

ら

来年	明年	míngnián	43
ラテ	拿铁	nátiě	63
ランニングする			
	跑步	pǎobù	50

り

李（姓）	李	Lǐ	15

料理	菜	cài	31
緑茶	绿茶	lǜchá	59
旅行する	旅游	lǚyóu	50
リンゴ	苹果	píngguǒ	39

れ

列	排	pái	34

ろ

6	六	liù	34

わ

ワイシャツ	衬衫	chènshān	39
私（一人称）	我	wǒ	19
私たち	我们	wǒmen	19
私たち（相手を含む）			
	咱们	zánmen	19
悪い	坏	huài	29

＜付録１＞

中国語の品詞

<table>
<tr><td rowspan="3">名詞</td><td></td><td colspan="2">爸爸　妈妈　学生　老师　手机　书包　自然　环境 ……</td></tr>
<tr><td>時間詞</td><td>昨天　今天　明天　去年　星期二　现在　以前 ……</td></tr>
<tr><td>方位詞</td><td>上边　下边　里面　外面　左边　右边　旁边　对面 ……
中　　　外　　　　　　　　　　　　　　　　　そば　向かい</td></tr>
<tr><td colspan="2">数詞</td><td>一　二　三　十　百　千　万　亿　两 ……
　　　　　　　　　　　　　　億</td></tr>
<tr><td colspan="2">量詞</td><td>个　本　把　条　张　件　只　双　杯　次　遍 ……</td></tr>
<tr><td rowspan="2">代名詞</td><td>人称代名詞</td><td>我　你　他　她　它　咱们　你们　他们　谁 ……</td></tr>
<tr><td>指示代名詞</td><td>这　那　哪</td></tr>
<tr><td colspan="2">動詞</td><td>来　去　说　看　听　写　学　玩儿　休息　睡觉　跑步
……</td></tr>
<tr><td colspan="2">助動詞</td><td>想　要　会　能　可以　应该 ……</td></tr>
<tr><td colspan="2">形容詞</td><td>好　坏　高　矮　贵　便宜　干净　好吃　漂亮　认真
……</td></tr>
<tr><td colspan="2">副詞</td><td>很　非常　特别　一起　一共　也　都　已经　还 ……</td></tr>
<tr><td colspan="2">介詞（前置詞）</td><td>在　从　离　跟　给　为　　　把　比　　　被 ……
　　　　　　　　　　　　～のために　～を　～より　～によって</td></tr>
<tr><td colspan="2">接続詞</td><td>可是　如果　因为　　　所以　　即使 ……
しかし　もし　なぜなら　したがって　たとえ</td></tr>
<tr><td colspan="2">助詞</td><td>了　着　过　的　地　得 ……</td></tr>
<tr><td colspan="2">語気詞</td><td>吗　吧　呢　啊　嘛 ……</td></tr>
<tr><td colspan="2">擬声詞</td><td>汪汪 wāngwāng　喵 miāo　哗啦 huālā　叮当 dīngdāng ……</td></tr>
</table>

基本の３文型

① 動詞述語文　　张老师教汉语。
② 形容詞述語文　天气很好。
③ 名詞述語文　　现在八点二十分。

複雑な文型

① 二重主語文　　她学习很认真。
② 連動文　　　　我们去公园玩儿。
③ 二重目的語文　我送她一本书。（私は彼女に本をプレゼントする。）

疑問文の種類

① 諾否疑問文　　你明天来吗？
　（"吗"疑問文）
② 疑問詞疑問文　你去哪儿？
③ 反復疑問文　　你明天来不来？
④ 選択疑問文　　你喝咖啡还是喝红茶？
⑤ 省略疑問文　　（我喜欢做中国菜。）你呢？

（私は中華料理を作るのが好きです。あなたは？）

いろいろな疑問詞

什么	ナニ、ドンナ	你吃什么？
哪个	ドレ	你买哪个？
怎么样	ドノヨウ	味道怎么样？
怎么	ドウ	用汉字怎么写？（漢字でどう書きますか）
几	ナン（何）	今天几号？
多少	ドレダケ	这件衣服多少钱？（この服はいくら？）
谁	ダレ	这是谁的手机？
哪儿／哪里	ドコ	你家在哪儿？
什么地方	ドンナトコロ	岐阜是什么地方？（岐阜はどんな所？）
什么时候	イツ	他们什么时候来？（彼はいつ来る？）

＜付録2＞

中国を調べる参考図書

天児慧ほか『岩波 現代中国事典』岩波書店、1999 年

溝口雄三ほか編『中国思想文化事典』東京大学出版会、2001 年

愛知大学現代中国語学部編『ハンドブック現代中国』第 4 版、あるむ、2013 年

尾崎雄二郎ほか編『中国文化史大事典』大修館書店、2013 年

武田雅哉ほか編『中国文化 55 のキーワード』ミネルヴァ書房、2016 年

中国文化事典編集員会編『中国文化事典』丸善出版、2017 年

日本中国語学会編『中国語学辞典』岩波書店、2022 年

ティエリ・サンジュアン著、太田佐絵子訳、マドレーヌ・ブノワ＝ギュイヨ地図製作『地図で見る中国ハンドブック〈第 3 版〉』原書房、2024 年

一般社団法人中国研究所編『中国年鑑 2024』明石書店、2024 年

漢字文献情報処理研究会編『デジタル時代の中国学リファレンスマニュアル』好文出版、2021 年

平凡社編『世界大百科事典』改訂新版、平凡社、2007 年

中国語から中国を知る図書

中川正之『漢語からみえる世界と世間—日本語と中国語はどこでずれるか』岩波書店、2013 年

井上優『相席で黙っていられるか—日中言語行動比較論』岩波書店、2013 年

木村英樹『中国語はじめの一歩』新版、筑摩書房、2017 年

小野秀樹『中国人のこころ 「ことば」からみる思考と感覚』集英社、2018 年

荒川清秀『漢語の謎—日本語と中国語のあいだ』筑摩書房、2020 年

中国語・漢語辞典

伊地知善継『白水社 中国語辞典』白水社、2002 年

愛知大学中日大辞典編纂所編『中日大辞典』第 3 版、大修館書店、2010 年

相原茂編『講談社中日辞典』第 3 版、講談社、2010 年

北京商務印書館・小学館共編『中日辞典』第 3 版、小学館、2016 年

対外経済貿易大学・北京商務印書館・小学館共編『日中辞典』第 3 版、小学館、2015 年

遠藤雅裕監修『中国語生活図解辞典 DVD-ROM 付き』小学館、2011 年

　※図解と音声で日常生活を表現した中国語辞典。

諸橋轍次、鎌田正・米山寅太郎修訂増補『大漢和辞典』全 15 巻、大修館書店、2000 年

　※親文字 5 万余字、熟語 53 万余語を収録した世界最大級の漢和辞典。

中国社会科学院語言研究所詞典編輯室『現代漢語詞典』第 7 版、商務印書館、2016 年
　　※中国で最も規範的だとされている辞典。
中国社会科学院語言研究所修訂『新華字典』第 12 版単色版、商務印書館、2023 年
　　※中国で最も影響力のあるポケット字典。
漢語大詞典編輯委員会、漢語大詞典編纂処編『漢語大詞典』全 23 冊、上海辞書出版社、
　　2011 年
　　※現代中国語の語彙および清代以前の古白話語彙など約 40 万 5000 余語を収録する大
　　　規模辞典。https://www.hanyudacidian.cn/（オンライン検索も可）
愛知大学中国語語彙データベース　https://hcs.aichi-u.ac.jp

中国を調べるウェブリソース

新浪網　https://www.sina.com.cn
　　※新浪公司（Sina Corporation）が運営する総合ポータルサイト。
百度　https://www.baidu.com/
　　※百度（Baidu）が運営する中国最大の検索エンジン。百度はほかにも百度百科や百度
　　　地図、動画サイトなどを運営する。
小学課本網　https://appxxkb.szxuexiao.com/
　　※中国の小学校や中学校、高校で使用されている教科書を見ることができる。
Science Portal China（科学技術振興機構）　https://spc.jst.go.jp
　　※中国統計年鑑や中国科学技術年鑑、中国教育統計年鑑のほか、各種調査報告書を見る
　　　ことができる。

橋本永貢子（岐阜大学教授）

齊 藤 正 高（岐阜大学非常勤講師）

表紙デザイン：細谷桃恵

共に学ぶ 中国の文化と中国語 ワークブック付　音声DL

2024 年 12 月 19 日　初版発行

著　者　橋本永貢子・齊藤正高

発行者　佐藤和幸

発行所　白 帝 社

〒 171-0014　東京都豊島区池袋 2-65-1

電話　03-3986-3271

FAX　03-3986-3272（営）／ 03-3986-8892（編）

info@hakuteisha.co.jp

http://www.hakuteisha.co.jp

組版・印刷 倉敷印刷(株)　製本 (株)ティーケー出版印刷

Printed in Japan〈検印省略〉6914　　　　　ISBN978-4-86398-597-1

＊定価は表紙に表示してあります

中　国　語

母音 / 子音	a	o	e	ai	ei	ao	ou	an	en	ang	eng	ong	er (-r)	i [1]	i [ʅ]	i [i]	ia	ie	iao	iou -iu
なし	a	o	e	ai	ei	ao	ou	an	en	ang	eng		er			yi	ya	ye	yao	you
b	ba	bo		bai	bei	bao		ban	ben	bang	beng					bi		bie	biao	
p	pa	po		pai	pei	pao	pou	pan	pen	pang	peng					pi		pie	piao	
m	ma	mo	me	mai	mei	mao	mou	man	men	mang	meng					mi		mie	miao	miu
f	fa	fo			fei		fou	fan	fen	fang	feng									
d	da		de	dai	dei	dao	dou	dan	den	dang	deng	dong				di		die	diao	diu
t	ta		te	tai		tao	tou	tan		tang	teng	tong				ti		tie	tiao	
n	na		ne	nai	nei	nao	nou	nan	nen	nang	neng	nong				ni		nie	niao	niu
l	la		le	lai	lei	lao	lou	lan		lang	leng	long				li	lia	lie	liao	liu
g	ga		ge	gai	gei	gao	gou	gan	gen	gang	geng	gong								
k	ka		ke	kai	kei	kao	kou	kan	ken	kang	keng	kong								
h	ha		he	hai	hei	hao	hou	han	hen	hang	heng	hong								
j																ji	jia	jie	jiao	jiu
q																qi	qia	qie	qiao	qiu
x																xi	xia	xie	xiao	xiu
zh	zha		zhe	zhai	zhei	zhao	zhou	zhan	zhen	zhang	zheng	zhong		zhi						
ch	cha		che	chai		chao	chou	chan	chen	chang	cheng	chong		chi						
sh	sha		she	shai	shei	shao	shou	shan	shen	shang	sheng			shi						
r			re			rao	rou	ran	ren	rang	reng	rong		ri						
z	za		ze	zai	zei	zao	zou	zan	zen	zang	zeng	zong			zi					
c	ca		ce	cai		cao	cou	can	cen	cang	ceng	cong			ci					
s	sa		se	sai		sao	sou	san	sen	sang	seng	song			si					

音　節　表

ian	in	iang	ing	iong	u	ua	uo	uai	uei -ui	uan	uen -un	uang	ueng	ü (-u)	üe (-ue)	üan (-uan)	ün (-un)
yan	yin	yang	ying	yong	wu	wa	wo	wai	wei	wan	wen	wang	weng	yu	yue	yuan	yun
bian	bin		bing		bu												
pian	pin		ping		pu												
mian	min		ming		mu												
					fu												
dian			ding		du		duo		dui	duan	dun						
tian			ting		tu		tuo		tui	tuan	tun						
nian	nin	niang	ning		nu		nuo			nuan				nü	nüe		
lian	lin	liang	ling		lu		luo			luan	lun			lü	lüe		
					gu	gua	guo	guai	gui	guan	gun	guang					
					ku	kua	kuo	kuai	kui	kuan	kun	kuang					
					hu	hua	huo	huai	hui	huan	hun	huang					
jian	jin	jiang	jing	jiong										ju	jue	juan	jun
qian	qin	qiang	qing	qiong										qu	que	quan	qun
xian	xin	xiang	xing	xiong										xu	xue	xuan	xun
					zhu	zhua	zhuo	zhuai	zhui	zhuan	zhun	zhuang					
					chu		chuo	chuai	chui	chuan	chun	chuang					
					shu	shua	shuo	shuai	shui	shuan	shun	shuang					
					ru	rua	ruo		rui	ruan	run						
					zu		zuo		zui	zuan	zun						
					cu		cuo		cui	cuan	cun						
					su		suo		sui	suan	sun						